投资者订单
提交行为、订单簿特征与数量化交易研究

Order Submission Behavior,
Shape of Order Book and Quantity Trade

陈 炜 著

经济科学出版社
Economic Science Press

图书在版编目（CIP）数据

投资者订单提交行为、订单簿特征与数量化交易研究 / 陈炜著. —北京：经济科学出版社，2012.5（2017.1 重印）
ISBN 978 - 7 - 5141 - 1524 - 6

Ⅰ.①投… Ⅱ.①陈… Ⅲ.①股票市场 - 研究 - 中国 Ⅳ.①F832.51

中国版本图书馆 CIP 数据核字（2012）第 014148 号

责任编辑：周国强
责任校对：杨晓莹
技术编辑：邱　天

投资者订单提交行为、订单簿特征与数量化交易研究

陈　炜　著

经济科学出版社出版、发行　新华书店经销
社址：北京市海淀区阜成路甲 28 号　邮编：100142
总编部电话：010 - 88191217　发行部电话：010 - 88191522
网址：www.esp.com.cn
电子邮件：esp@esp.com.cn
天猫网店：经济科学出版社旗舰店
网址：http://jjkxcbs.tmall.com
北京中科印刷有限公司印装
710×1000　16 开　10 印张　200000 字
2012 年 5 月第 1 版　2017 年 1 月第 2 次印刷
ISBN 978 - 7 - 5141 - 1524 - 6　定价：39.00 元
（图书出现印装问题，本社负责调换。电话：010 - 88191510）
（版权所有　侵权必究　举报电话：010 - 88191586
电子邮箱：dbts@esp.com.cn）

前　　言

证券市场的交易机制主要可以分为报价驱动市场（Quote-driven Market）和订单驱动市场（Order-driven Market）两类，报价驱动市场依靠做市商提供流动性，订单驱动市场则依靠限价订单提供流动性。投资者掌握市场信息的质与量、订单簿透明度以及投资者的交易需求目标都会影响投资者订单提交策略和行为，进而影响市场上订单簿构成与变化，最终影响价格发现过程和市场质量。因此，订单及限价订单簿在订单驱动市场的价格形成中起到关键的作用，研究订单簿特征、订单分布和投资者订单行为有着重要的理论价值和实践意义。理论方面，订单簿特征与订单提交行为的相关成果有助于进一步拓展和完善基于订单驱动市场的微观结构理论；实践方面，掌握订单簿特征和订单提交行为对算法交易等数量化投资有着重要意义，该领域的研究可以提供量化框架来建立投资模型优化交易执行成本和提高投资收益，也有助于为监管部门的交易机制设计及监管提供理论基础。

因此，本书主要旨在从理论与实证两个角度研究中国股市限价订单簿特征、分布，订单提交策略及行为；并在此基础上分析订单簿透明度的影响、订单执行成本（交易成本）等与订单相关的重要问题；最后介绍了数量化交易的理论与实践等内容。其中，本书结合订单相关领域进行了以下实证检验：(1) 中国股票市场的订单簿特征与分布；(2) 中国股票市场投资者订单提交策略的行为模式；(3) 中国股票市场订单提交持续期的行为模式；(4) 中国股票市场的订单交易成本水平与影响因素；(5) 订单簿（委托簿）信息透明度对投资者订单提交策略和市场质量的影响。

本书结构安排如下：

第一章和第二章是导言与文献回顾，主要介绍了本书研究问题的背景与相关理论的文献综述。

第三章主要介绍了股票市场的订单类型、订单传输与撮合过程。在介绍股市主要订单种类与价格形成、股票市场订单处理过程的基础上，分析了中国股市订单报盘系统，并介绍了近年来国际上发展迅速的黑池。本章最后实证分析了中国股市订单特征与概况。

第四章主要实证分析了中国深市订单、买卖价差和波动性的无条件概率分布和条件概率分布，并实证分析了深市订单簿的统计特征以及订单提交的行为特征。

第五章是投资者订单提交策略的实证研究。本章实证分析了在中国股票市场中，交易信息与订单簿透明度如何影响投资者的订单提交策略。

第六章是投资者订单提交持续期研究。本章主要运用 ACD 模型对订单持续期进行实证分析，发现中国市场订单持续期存在聚类现象。

第七章是对交易信息透明度的理论和实证分析。主要分析了信息透明度的定义、世界各国市场订单簿的信息透明度以及信息透明度对市场的影响。

第八章介绍了订单簿信息透明度提高的影响。本章主要实证检验了中国股票市场订单簿信息透明度提高（行情揭示"三档"变"五档"）对投资者提交订单行为和市场质量的影响。

第九章实证分析了中国股票市场交易成本。本章在交易成本度量方法比较、国际趋势特点及国际比较的基础上，实证分析了交易成本的影响因素。

第十章主要阐述了数量化交易概念、国内外基本情况及其对市场的影响等内容，同时论述了算法交易、高频交易等数量化交易的思想和方法等。

本书的出版受到了国家自然科学基金面上项目（项目编号：71072007）的资助。同时，本书部分章节得益于与周炜星教授、顾高峰博士的合作成果，也感谢王焕然、江国朝博士在数量化交易一章给本书的大力帮助。本书的观点主要从实证角度得出，仅代表作者个人的学术观点，与任何机构无关。

作者

2012 年 1 月

目　录

第一章　导　言 ··· 1

第二章　文献综述 ·· 5
　第一节　投资者订单提交策略和行为的理论 ······················ 6
　第二节　投资者订单提交策略和行为的实证研究 ················ 8
　第三节　投资者订单选择的实证研究 ································ 9
　第四节　限价订单簿特征与形状 ····································· 11
　第五节　限价和市价订单的绩效及对市场的影响 ·············· 12

第三章　订单类型、订单传输与撮合 ····································· 14
　第一节　主要订单种类 ··· 14
　第二节　订单撮合与价格形成 ······································· 18
　第三节　中国股市订单报盘系统 ····································· 19
　第四节　中国股市订单特征与概况 ································· 22
　第五节　美国股票市场订单处理 ····································· 24
　第六节　黑池发展与订单处理 ······································· 25

第四章　中国股票市场订单簿特征的理论与实证 ····················· 31
　第一节　中国股票市场订单簿特征与形状的实证分析 ········ 31
　第二节　中国股票市场限价订单模型的实证分析 ·············· 41

第五章　投资者订单提交策略的实证研究 …… 50
第一节　文献回顾 …… 52
第二节　研究假说 …… 53
第三节　描述性统计 …… 56
第四节　实证结果与分析 …… 59
第五节　结论与启示 …… 64

第六章　投资者订单提交持续期研究 …… 66
第一节　文献回顾 …… 67
第二节　研究设计 …… 69
第三节　实证结果与分析 …… 73
第四节　其他假说的检验 …… 77
第五节　结论与启示 …… 78
第六节　政策建议 …… 79

第七章　交易信息透明度的理论和实证分析 …… 80
第一节　信息透明度的定义 …… 80
第二节　交易信息公开的时效性 …… 82
第三节　世界各国和地区市场订单簿的信息透明度 …… 82
第四节　信息透明度的影响分析 …… 86
第五节　总结分析 …… 90

第八章　订单簿信息透明度提高的影响 …… 93
第一节　研究设计 …… 93
第二节　实证结果 …… 95
第三节　总结分析 …… 98

第九章　中国股票市场交易成本 …… 100
第一节　股票的交易成本度量 …… 100
第二节　交易成本的国际趋势 …… 102
第三节　中国股市交易成本与国际比较 …… 104

第四节　交易成本影响因素的实证研究 …………………………… 106

第十章　数量化交易 ………………………………………………………… 116
　　第一节　数量化交易概念与现状 …………………………………… 116
　　第二节　算法交易 …………………………………………………… 120
　　第三节　高频交易 …………………………………………………… 126
　　第四节　套利与风险对冲 …………………………………………… 131
　　第五节　数量化交易的主要参与者 ………………………………… 132
　　第六节　数量化交易对市场的影响 ………………………………… 133
　　第七节　国内数量化交易的情况 …………………………………… 135

参考文献 ……………………………………………………………………… 140

| 第一章 |

导　言

证券市场的交易机制主要可以分为报价驱动市场（Quote‐driven Market）和订单驱动市场（Order‐driven Market）两类。两种交易机制流动性的来源不同，报价驱动市场依靠做市商提供流动性，交易通过做市商报价完成；订单驱动市场则依靠限价订单提供流动性，交易由投资者提交的买卖订单双向撮合完成。近20年以来，由于订单驱动相对报价驱动具有更好的透明性与流动性，订单驱动日益成为主流交易机制。目前多数金融市场都属于订单驱动市场，世界上各股票交易所中，结合订单驱动和做市商驱动的混合市场（Hybrid Market）占14%，纯粹的订单驱动市场占48%。因此，订单驱动市场在世界范围内所占比例高达62%，是世界各国股票市场的主要交易制度（Jain，2001）[①]。包括上海、深圳、芝加哥商品交易所，纽约、巴黎、东京、多伦多等股票交易所都采用基于连续双向拍卖交易机制的订单驱动交易系统。

订单驱动市场没有传统报价驱动市场中的做市商来提供流动性，因此报价驱动市场与订单驱动市场的流动性的来源是不同的，在报价驱动的市场，做市商提供流动性。在订单驱动市场，则是依靠限价订单来提供流动性。在混合型市场（Hybrid Market），诸如纽约证券交易所与美国证券交易所，则由指定专家（Specialist）与限价订单共同提供流动性。

---

① 由于国际竞争与整合的趋势，目前国际市场已经很少存在纯粹的报价驱动市场。吉恩（Jain，2001）研究了世界51个主要交易所的组织结构、交易机制、交易执行系统、信息透明度和所有权等，选取买卖价差、有效买卖价差、已实现买卖价差、波动性以及换手率作为衡量指标，结果发现混合市场比纯粹的限价订单市场有更小买卖价差和波动性，而纯粹的限价订单市场又比纯粹的报价驱动（做市商）市场有更小的买卖价差和波动性。

近年来，订单簿特征、订单提交行为及价格形成机制的研究越来越受到重视。限价订单簿汇总了所有的订单提交、取消和交易活动，限价订单簿蕴涵了股票供求、投资者行为方面的非常有价值的信息，任何一种市场因素的改变都会在限价订单簿上得到及时体现，因此限价订单簿是市场价格形成过程的核心和枢纽，有关订单簿与订单行为方面的研究从根上来说有助于深入理解价格形成过程、投资者行为与市场运行特征（例如流动性与波动性）等内容。

订单提交策略是指投资者下达订单买卖股票的行为或采用的策略[①]。理论上，在订单驱动市场中，投资者订单提交策略取决于市场状况、信息透明度和投资者的交易需求目标。市价订单和限价订单代表了投资者不同的成交意愿，投资者可以选择提交市价订单（Market Order）或是限价订单（Limit Order），两种订单的选择关键在于：(1) 执行的可能性；(2) 交易价格；(3) 逆向选择成本。市价订单执行的可能性大于限价订单，也不像限价订单那样逆向选择成本较高，但是限价订单可以比市价订单获得更优的价格。实际上，订单积极性代表了投资者成交意愿，保守的限价订单提供流动性，积极的限价订单则相当于市价订单，其在市场流动性充足的时候消耗流动性，而在市场流动性差的时候又竞争性的提供流动性。

如果投资者成交意愿相当强，提交市价订单是成交机会最高的订单方式，不过市价订单必须承担成交价格不确定的风险和成本。提交限价订单可以保证投资者按能接受的价格成交，但是可能需要等待一定时间才能成交，也可能因为股票价格一直未触及委托价而始终无法成交，所以提交限价订单的投资者必然面临不能成交的风险（Non-execution Risk）。此外，提交限价订单也有可能会因为交易方向相反的信息突然进入市场，使得价格迅速反转而成交，因此，提交限价订单会面临逆向选择风险。

如何制定订单策略确保以最小的执行成本最大化订单成交的可能性，已成为投资者交易时必然会面临的直接影响投资收益的主要问题。拥有优势信息的知情交易者必然会利用其私有信息，制定订单提交策略影响均衡价格而不泄露私有信息，导致一般投资者在与其交易时会招致损失；一般投资者也需要根据市场状况选择合适的订单策略来获得信息，保障自身的利润。因此，选择合理的订单提交策略对投资者十分重要，在偏好短线投资的散户占有极高比例的中

---

① 订单也称委托或者指令（Order），本书为全文各种相关名词称谓的一致性，统一称为订单。

国证券市场,订单提交策略对一般投资者影响更大。

市场的特性和信息会影响到市价订单与限价订单的价值,进而影响流动性提供者、知情交易者与不知情散户之间的交易行为与下单策略,一方面会影响限价订单簿的构成及特征,最终影响价格发现过程和市场质量(见图1-1),另一方面则将影响交易者的投资收益。此外,交易制度对不同类型投资者的订单提交策略会造成不同影响,最近许多国外交易所提高实时交易信息的透明度,有的交易所甚至披露所有价位的订单数量和价格以及订单来自的经纪席位名称,使得许多原先隐藏的、含有私有信息的订单暴露在一般投资者面前,保证了中小投资者的利益。

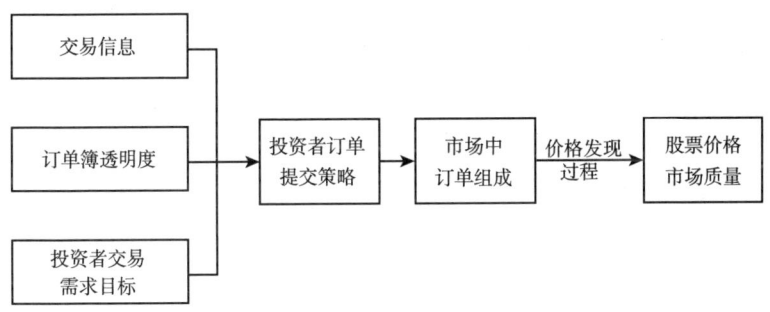

图1-1 订单与股票价格发现过程

掌握交易信息及市场状况如何影响订单提交策略,进而影响订单簿构成及分布的变化,有助于了解市场中流动性的需求方和供给方,这样可以理解市场的价格方向过程和价格形成机制。此外,订单选择影响订单执行质量,其对投资者与监管者都非常重要(SEC,2001)。中国股市整体波动性比较大,加上市场不时出现的严重违规行为,如何保护投资者利益,提升个人或机构投资者的投资业绩和效率,是整个证券市场发展和改进的中心问题。在中国市场里,散户在投资者中占有极高的比例并且他们往往偏好短期投资,也易受到市场即时状况和预期心理的影响,因此研究订单提交策略更加具有实际意义。

另外,订单簿信息的透明程度决定了投资者掌握交易信息的质与量,从而影响投资者提交订单策略和行为,进而影响市场上订单的组成,最终影响价格发现过程和市场质量。显然,市场透明度会影响市场的公平与效率:(1)高的信息透明度可以让投资者能够判断已完成交易的成交价格是否合理,从而能保证所有投资者的公平性;(2)高信息透明度还可以增强价格发现的功能,提高市场效率。

实证方面，本书主要对以下问题进行实证检验：（1）中国股票市场的订单簿特征与分布；（2）中国股票市场投资者订单提交策略的行为模式；（3）中国股票市场订单提交持续期的行为模式；（4）中国股票市场的订单交易成本水平与影响因素；（5）订单簿（委托簿）信息透明度对投资者订单提交策略和市场质量的影响。

本书的研究有着多方面的意义：

首先，投资者下达的订单如何最终形成证券的交易价格是金融市场微观结构研究的核心内容之一，投资者受什么因素影响而选择订单类型则是价格发现过程的中心环节。从理论和实证角度深入研究中国股票市场投资者订单提交策略及行为、订单簿特征及分布、微观价格形成过程三个问题相互之间的关系，有着重要理论背景。国内对于该问题的研究尚属空白，通过订单级数据的分析与实证，分析影响我国投资者订单选择的关键驱动因素和背后的动机、订单簿特征及分布，有关研究成果可以为该领域的研究奠定一定基础。

其次，系统掌握中国证券市场投资者订单提交策略和行为模式、弄清信息透明度在价格形成过程中的作用及订单执行成本等问题，可以为交易制度设计、订单方式创新①、交易信息披露和交易监管方面提供理论依据和实践操作建议。同时相关结论可以提供给投资者作为投资操作的参考指标，并作为算法交易等数量化投资方法的实证与理论依据。

最后，信息透明度对投资者行为和市场的影响是学术界和实务界争论的焦点问题之一，而订单簿信息的透明度直接影响投资者的订单提交策略和行为，最终影响市场质量。因此，研究信息透明度提高对投资者订单提交策略和市场质量的影响有着重要的意义，对交易信息披露制度的改进具有直接的指导意义。

---

① 由于限价订单和市价订单是两种最基本的订单形式，其他形式订单都必须转化为这两种订单才能在系统中进行匹配，所以如果我国市场要引入市价委托等委托方式，必须首先研究限价指令和市价指令。

| 第二章 |

文献综述

经典的微观结构理论主要关注报价驱动市场（做市商市场）的相关问题（Copeland & Galai, 1983; Kyle, 1985; Glosten & Milgrom, 1985; Laffont & Maskin, 1990）。直到最近的研究才开始逐渐将焦点集中在限价订单等订单形式在市场所扮演的角色（Glosten, 1994; Handa & Schwartz, 1996; Berkman, 1996; Chung & Van Ness, 1999）。在纯粹订单驱动市场中，投资者必须决定采用市价订单还是限价订单来完成交易。市价订单可以保证成交，但其缺点在于必须接受成交价格不确定的风险和成本。提交限价订单可以保证投资者按能够接受的价格成交，但是可能需要较长时间才能成交，也可能因为订单价格一直未触及委托价而始终无法成交，所以提交限价订单的投资者必须面临未成交风险（Non-execution Risk）。此外，提交限价订单还会面临逆向选择问题，也就是所谓的"赢家诅咒"（Winner's Curse）风险。

因此，投资者对订单形式的选择取决于市场状况与投资者对交易的需求目标（最快执行或者最优价格等）。对某些交易而言，成交时间不确定是无所谓的，提交限价订单是合适的选择。但对有些交易而言，立即成交相当重要，等待的机会成本相当高，此时市价订单将会是合适的选择。然而，市价订单可能面临重大的价格风险，尤其是对委托量大的订单，或者当市场波动大时。此外，投资者也可能采取同时下达市价订单与限价订单，以平衡立即成交与延迟成交的风险。

第一节　投资者订单提交策略和行为的理论

投资者可以选择提交积极或者保守的订单，理论研究主要的重点就在于确定投资者会以何种形式的订单来进行交易。在这些文献中，根据投资者是否拥有私有信息主要分为两类：

（一）投资者不掌握私有信息

在投资者不掌握私有信息的假设下，帕洛尔（Parlour，1998）建立了一个买卖价差动态模型，根据该模型的推导，投资者选择提交市价订单或是限价订单取决于限价订单簿的状态，每一位投资者都了解他所下的订单将会影响到跟随者的下单策略，而跟随者的下单策略又会再影响到该投资者提交限价订单的成交几率。帕洛尔认为限价订单簿中的买方和卖方都会影响到投资者选择订单形式，当其发现限价订单簿中和本身交易方向相同（相反）的一方的深度越厚时，投资者会越倾向提交市价订单（限价订单）。此外，帕洛尔也认为投资者提交限价订单的意愿要看其等候成本的高低，等候成本低的投资者会比较愿意提交限价订单。

傅科（Foucault，1999）设计了一个动态博弈模型来考察投资者对于下单形式的选择，他发现价格波动性的大小是决定下单形式的最重要因素，当价格波动性提高时，提交限价订单的投资者容易在与拥有私有信息的人的交易中受到损失，因此提交限价订单的投资者会提高买卖价差，以弥补可能的损失。然而，当买卖价差扩大时，提交市价订单的成本将会上升，因而比较多的投资者会提交限价订单。此外，股价波动导致限价订单数量增多，成交几率降低，成交需要的时间延长。

（二）部分投资者拥有私有信息

订单形式和下达订单时投资者掌握市场信息的质与量都会影响投资者下单策略与订单绩效（Madhavan，1992；O'Hara，1995）。一般认为，知情投资者（Informed Trader）拥有有关资产价格的私有信息，不知情投资者（Uninformed Trader）则是为了流动性需求而交易的投资者（Bagehot，1971；Jaffee & Winkler，1976）。两种投资者[①]的行为是类似老练投资者（Sophisticated Investors）与非老练投资者（Unsophisticated Investors）的行为模式，老练投资者的能力优于非老练投资者，因此两种投资者的行为存在系统性的差异（Camerer，1982；Cohen et al.，2002）。在由知情投资者与不知情投资者两种投资者组成的市场中，做市商面临逆向选择问题[②]，即做市商可能会在与知情投资者的交易中遭受损失，所以其必须设定买卖价差以弥补可能的损失。另外，不知情投资者是为了流动性而交易，其根据做市商提供的价格进行买入或者卖出操作。

区分知情和不知情两类投资者，在只考虑小型订单，并且这些订单对价格并不会造成影响的条件下，哈里斯（Harris，1997）推导出当价格波动越大、私有信息价值越高、拥有私有信息的时间越短时，投资者会越倾向于提交市价订单；而当投资者面对买卖价差越大时，越倾向提交限价订单。除了订单形式以外，哈里斯也研究了限价订单的积极程度，他认为投资者提交限价订单时仍然最好是接近即时最优的买卖价，因为限价订单价格远超即时买卖价所能带来的额外利益其实并不大；如果是投资者关注盘面变化的成本很高，或是投资者是风险厌恶的，则保守的限价订单对该类投资者而言不是最适合的下单策略。

蒂瓦里、汉达和施瓦茨（Tiwari，Handa & Schwartz，2003）则建立模型分析了纯粹的订单驱动市场下，存在不对称信息时，买卖报价和价差的形成过程。结果发现，买卖价格和买卖价差都与投资者对资产的价值评价以及持不同评价的投资者所占比例有关。但是，此模型没有对投资者如何选择不同类型订单进行分析。

韩千山（2000）讨论了拥有私有信息的大投资者的下单策略，如果以市价订单进行交易，则能利用流动性投资者作为掩护，避免私有信息反映到价格上；限价订单虽无掩护的作用，但限价订单可以根据价格的波动找到有利的价

[①] 许多文献则认为机构投资者是老练投资者（Bartov et al.，2000；Walther，1997；Williams et al.，1996；Hand，1990）。

[②] 研究内幕交易（Insider Trading）的文献始于凯尔（Kyle，1985）的研究。凯尔的模型中存在单一的知情投资者，其最优决策是逐渐的将私有信息反映到价格上，以便维持市场深度。霍尔顿和苏拉马尼亚姆（Holden & Subrahmanyam，1992）则扩展了凯尔（1985）的模式，假设有多位同等信息的知情投资者，他们之间的竞争会快速地释放出信息。

格，以便套利。韩千山推导出当市场上信息不对称严重（即大投资者拥有重大利多或利空消息）、信息精确度较高、拥有私有信息人数较少时，大投资者倾向使用市价订单，如果散户的风险规避需求增加，使得价格波动变大，则大投资者就会倾向于使用限价订单。

韩千山和陈其美（2000）研究发现当知情交易者拥有重大利多或利空的私有信息时，往往会提交市价订单来获得利润。其次，当市场流动性需要或避险需要变化导致价格波动剧烈时，限价订单的期权特性使其价值增加。最后，随着无信息优势的散户人数增加，市场的流动性供给增加，将有助于知情投资者提交市价订单。

卡尼尔和刘（Kaniel & Liu，2001）也研究了知情投资者的下单策略，他们认为知情投资者下单策略会受到两个因素的影响：（1）独自拥有私有信息的时间长短；（2）资产价格偏离的程度。当独自拥有私有信息的时间越长时，知情投资者会倾向提交限价订单；而当资产价格偏离程度越严重时，知情投资者会倾向提交市价订单。

陈慧玟（2000）研究发现不掌握私有信息的不知情投资者绝对不使用市价订单；对有信息优势的知情投资者而言，当信息不对称现象严重时，他们会使用市价订单。其次，当不知情投资者人数增加、风险厌恶程度低或信息干扰程度高时，知情投资者会使用市价订单，如果流动性投资者的需求数量波动非常大时，则知情投资者提交市价订单和限价订单都能获利，从而无法预测知情投资者会使用何种订单。

第二节 投资者订单提交策略和行为的实证研究

国外文献陆续通过实证研究发现了一些影响投资者订单提交策略的一些重要因素，主要可以分为两类：一类是描述股票即时的市场状况，例如买卖价差、波动性等，还有一类是代表订单自身属性的，例如订单的提交者类型、订单规模等。文献对有些因素如何影响投资者订单提交策略的研究结论比较一致，但是也有一些因素对订单提交策略的影响存在争议。

存在争议最大的因素就是波动性对订单提交策略的影响。一部分学者认为波动是由噪音引起，波动性越大，限价订单更有可能被执行，投资者愿意选择限价订单；当波动是由公共或私有信息引起，限价订单存在逆向选择成本，因此，汉达和施瓦茨（Handa & Schwartz，1996）认为新信息驱动的波动带来逆向选择风险，会导致投资者不愿意提交限价订单。但是，也有学者持相反的看法：傅科（Foucault，1999）认为即使会带来逆向选择风险，新信息驱动的波动性增加仍然会导致限价订单增加，因为投资者可以通过提交保守的订单从提高的买卖价差中弥补可能的损失。金红培等（Kee - Hong Bae et al.，2003）的研究发现噪音引起的波动性导致限价订单增加，而新信息驱动的波动性对订单流的影响不确定，结果既不支持汉达和施瓦茨（1996），也不支持傅科（1999）的观点。

文献关于其他因素的研究结论较一致：（1）买卖价差方面，价差大时提供流动性的价格高，投资者更愿意使用限价订单。例如，比艾等（Biais et al.，1995）的实证结果发现，投资者的策略随市场状况不同而改变。当市场价差变大时，投资者偏好限价订单；当价差变小时，投资者偏好使用市价订单。换句话讲，投资者在流动性价格高时提供流动性，流动性充足时消耗流动性①。（2）深度也影响投资者的订单提交策略。（3）其他因素如市场收益、股票自身收益率（Lo，Mamaysky & Wang，2000）、一天的交易时间（Harris，1998；Hollifield et al.，2002）等因素都影响投资者订单提交策略。

第三节 投资者订单选择的实证研究

苏海巴尼和克日扎诺夫斯基（Al - Suhaibani & Kryzanowski，2001）以沙特阿拉伯交易所 56 只股票 1996 年 10 月 31 日至 1997 年 1 月 14 日共 65 个交易日的订单数据分析影响投资者选择提交市价订单或限价订单的因素。文章设计了买卖价差、订单不平衡、波动性、前几笔的订单形式、订单规模、即时深度等 6 个解释变量，利用 Logistic 模型分析发现当买卖价差越大、订单规模越大时，买卖双方的投资者越倾向提交限价订单；当市价订单的比例较大、撮合时订单数量较多时，买卖双方的投资者都倾向提交市价订单；当限价订单簿内买

---

① 其他学者：比艾、伊利翁和斯巴特（Biais，Hillion & Spatt，1995），霍利菲尔德、米勒和桑德斯（Hollifield，Miller & Sandås，1999），史密斯（Smith，2000），金红培、章夏成和朴徐庚（Bae，Jang & Park，2002），罗纳尔多（Ranaldo，2002）也从实证角度证实了该观点。

单（卖单）比例较大时，买方（卖方）投资者越倾向提交市价订单。值得注意的是，该研究较为特别的是发现波动性对买方和卖方订单的影响是不对称的[①]：当波动性越大时，买方投资者越倾向提交限价订单，卖方投资者则越倾向提交市价订单，这可能是由于股市出于牛市的缘故。

罗纳尔多（Ranaldo，2001）以瑞士交易所1997年3～4月的订单数据，研究投资者的下单积极性会受到哪些因素的影响。罗纳尔多（Ranaldo）利用次序Probit模型发现影响投资者下单积极性的因素包括限价订单簿的深度、买卖价差、波动性、市场交易速度。具体为：（1）限价订单簿的买方（卖方）深度越深（浅）时，后续买方投资者的下单积极性越强；限价订单簿的卖方（卖方）深度越深（浅）时，后续卖方投资者的下单积极性越强。但本书发现买方和卖方投资者受限价订单簿买卖两方的深度的影响方式却不同，买方投资者会比较关心限价订单簿中反向（卖方）的深度，也就是买方投资者的下单积极性受到卖方深度的影响比较大；而卖方投资者则比较关心限价订单簿中相同方向（卖方）的深度，也就是卖方投资者的下单积极性仍受到卖方的影响比较大。（2）买卖价差越大时，下单积极性越低。（3）当短期股价波动越大时，会使得限价订单的使用增加，市价订单的使用减少。

格里菲思等（Griffiths et al.，2000）也利用次序Probit（Ordered Probit）模型来分析多伦多证券市场中投资者的下单积极性。他们将下单积极性分为6级，采用的解释变量包含上一笔订单的积极性、公司规模、买卖价差、限价订单簿内同向深度、限价订单簿内反向深度。格里菲斯等（Griffiths et al.，2000）的研究结果显示：（1）当公司规模越大和买卖价差越大时，投资者的下单积极性越弱。（2）限价订单簿同向深度越深时，投资者下单积极性越强；限价订单簿反向深度越深时，投资者下单积极性越弱。（3）较积极的买单往往会跟随在较积极的买单之后，而较积极的卖单往往也会跟随在较积极的卖单之后。

---

① 这里对股价波动性的定义为下单时前30分钟市价订单的数量除以前60分钟市价订单的数量之值。

第四节　限价订单簿特征与形状

经典金融经济学领域，股票收益率包含缺乏自相关、厚尾分布、多重分形及间歇性、波动聚集和杠杆效应等特征，这些与限价订单簿的特征有着重要关系。随着限价订单簿数据的日益方便获得，大量文献基于限价订单簿进行了相关的实证研究。近年来，关于限价订单簿特征与形状的理论和实证研究不断出现。

基于价格的形式变化分类，金融市场上有两种类型的微观模型，分别是以主体为基础的模型和订单驱动模型。在基于主体的模型中价格变化是由需求和供应决定的，包括渗流模型、伊辛模型、少数者博弈模型等。订单驱动模型的价格变化基于连续双向拍卖（CDA）的机制。订单驱动模型的两种基本成分是订单提交和撤单。因此，订单在模拟订单驱动模型生成的价格变化研究中起到了关键作用。委托订单时，交易者需要确定方向、订单规模和价格。在决定订单的价格时交易者面临必须权衡确定的利益和潜在的好处。佐夫科和法莫（Zovko & Famer）研究了以最优价格提交的订单价格的无条件分布。鲍查德（Bouchaud）等分析了巴黎证券交易所三种高流动股票的订单，发现其订单簿里面的订单的相对价格分布遵从幂律分布。波特和鲍查德（Potters & Bouchaud）考察三只纳斯达克股票订单的相对价格分布，发现分布遵从尾部指数 $\alpha = 1$ 的幂律分布。麦克和法莫（Mike & Famer）发现价格相对数的分布是独立于买卖价差的。里洛（Lillo）发现时间跨度异质性是幂律分布在相对对数价格中的直接原因，而波动性的异质性难以用幂律分布来解释。

在初期主要研究投资者订单行为与提交策略方面，近年重点通过理论模型构建进行实证分析。主要包括静态模型和动态模型。静态模型方面，格劳斯登（Glosten, 1994）等基于不对称信息的异质投资者建立了静态模型分析股价、交易量与市场效率等因素的互动关系。

限价订单簿往往随着时间变化而变化，因此静态模型刻画限价订单簿受到一定限制，动态模型成为研究的重要方向。帕洛尔（Parlour, 1998）等运用动态模型模拟限价订单簿，同时纳入了投资者行为、偏好、情绪、忍耐度等因素的影响，并且考虑了参与者交易策略博弈关系。

从国内方面来看，限价订单簿的特征与形状等研究已经兴起。周炜星、陈炜博士等运用金融物理学理论和方法对中国股票市场的买卖价差、限价订单簿的特征与形状、订单提交行为与策略等方面进行了实证研究。

第五节 限价和市价订单的绩效及对市场的影响

(一) 两种订单在市场中的角色

限价订单投资者充当了提供市场流动性的角色，这已经被国外许多学者从理论（Parlour，1998；Foucault，1999）和实证（Harris & Hasbrouck，1996）两方面证明[①]。相反地，提交市价订单的投资者是流动性的需求者，也就是说市价订单消耗市场的流动性。

当市场需要流动性时，限价订单投资者提交订单进行交易，所以限价订单在决定交易成本方面，扮演着一个非常重要的角色。它们影响买卖报价，也就是影响价差的形成过程。钟和范内斯（Chung & Van Ness，1999）发现当限价订单簿中的限价订单没有竞争发生时，市场上揭示买卖价差会变大；当有来自限价订单簿之外的限价订单进入市场时，买卖价差就会变小。该研究估计出其21%的样本中，买卖报价是来自于限价订单。限价订单的成交时间影响买卖报价被更新的频率，而且是决定价差变动的一个主要因素。此外，限价订单太少会增加价格的波动性，投资者提交限价订单将能得到更多的利润，限价订单进入市场将提供市场流动性，短期价格波动性将会减少。

限价订单提供流动性时会面临损失。因为当限价订单投资者与知情投资者交易时，会面临逆向选择风险：限价订单投资者提交限价买单相当于一份期权，市场的其他参与者在有利空信息出现时，能将他们的股票卖给限价订单投资者。但是当利好信息出现造成股价上涨时，限价订单投资者将因为无法成交而失去获利的机会。当然，限价订单投资者也能从与流动性需求者的交易中获利。流动性需求者以买卖股票来调整投资组合头寸。如果流动性需求者随机进

---

① 其他文献还包括（Kavajecz，1999）；（Chung & Van Ness，1999）；（Griffiths, Smith, Turnbull & Wang，2000）；（Ahn, Bae & Chan，2001）；（Anand & Maratell，2001）。

入市场交易，那么将会导致价格在买价及卖价之间随机跳动，限价订单投资者就能从与流动性需求者的交易中获利。均衡状况下，当限价订单投资者从流动性需求者的获利超过与知情投资者交易的损失，限价订单投资者就会愿意提供市场的流动性。

（二）限价订单和市价订单的绩效

限价订单投资者与知情投资者交易时会遭受损失，但与流动性需求者交易时却能获利，而市场的买卖价差越大时，提供流动性的价格越高，会吸引投资者提交限价订单。当限价订单的数量增加造成激烈竞争，则市场的买卖价差将逐渐减少。如果市场交易不活跃，交易量不大时限价订单成交率较低，市场股票价格波动剧烈时，限价订单成交率较高。

哈里斯和哈斯布鲁克（Harris & Hasbrock，1996）以纽约证券交易所的订单为样本，检验订单执行绩效。他们发现以即时报价提交限价订单，其绩效优于市价订单。在订单量固定的情况下，限价订单越积极，成交率越高。订单的委托价格固定情况下，订单数量越大，限价订单的成交率越低，而限价卖单的成交率，要高于限价买单的成交率。

格里菲思（Griffiths，2000）研究了积极订单在订单的绩效中扮演的角色，他们发现积极订单比保守订单有较大的价格冲击，较小的机会成本，并且积极的买单可能包含有关资产价格的信息。

另外一些文献则考察了信息不对称条件下订单的绩效。阿南德和马拉戴尔（Anand & Martell，2001）发现知情投资者选择限价订单时，仍然可以利用私有信息以减少逆向选择风险，避免遭受重大损失。他们认为只要投资者能够将逆向选择的损失最小化，则使用限价订单可能获利。此外，他们发现机构投资者的限价订单的绩效显著优于个人提交限价订单的绩效。

查克拉瓦蒂和霍尔顿（Chakravarty & Holden，1995）认为流动性驱动造成的价格变动将增加订单的不平衡与价格的波动，导致限价订单增加。当市场内同时有市价订单投资者、限价订单投资者及做市商时，知情投资者倾向于提交市价订单。

| 第三章 |

订单类型、订单传输与撮合

本章主要分析订单类型、传输以及订单的撮合。

第一节　主要订单种类[①]

投资者提交订单买卖证券可以通过网络、电话等方式。交易所通常根据其市场特点和投资者因素提供可选择的订单种类。在 2006 年 8 月 1 日之前,我国两个交易所只能提交限价订单,也就是说投资者唯一的选择就是提交限定成交价格的订单。2006 年 8 月 1 日,我国两个市场先后实施了订单形式的创新,深圳证券交易所于 8 月 1 日推出了几种类型的市价订单,随后上海证券交易所也推出了这几种类型的市价订单。

欧洲市场的订单种类多达 10 种以上。伦敦证交所的 SETS 系统提供限价订单、市价订单、最佳成交价订单(At Best Order)、立即成交或取消订单(Execute and Eliminate Order)、全部成交或取消订单(Fill or Kill Order)、冰山订单(Iceberg Order)等订单形式。纽约证券交易所提供限价订单、市价订单、止损订单(Stop Order)、止损限价订单(Stop - Limit Order)、当日订单(Day Order)及取消前有效订单(Good - Till - Cancelled Order)等订单形式。中国台湾证券市场曾经提供限价订单和市价订单,但是 1987 年 10 月因市价订单可

[①] 本节有关订单类型等内容主要参考和源引:骆莎玲,朱家伦. 推动改善我国证券市场交易订单种类的探讨 [J]. 台湾交易所证交资料,2006 (531)

能造成股价过度波动的原因取消了市价订单,目前只提供限价订单。

总体来看,国外主要市场除市价及限价订单之外,还包含以下常见订单类型:(1)当日订单、至指定期限有效订单及取消前有效订单等。(2)订单执行条件的限定方面,包括全部成交或取消订单、立即成交或取消订单、最低成交量订单、冰山订单、一定成交订单、最优报价订单。(3)开盘订单、收盘订单及集合竞价订单等仅限开、收盘及集合竞价交易阶段参与撮合。(4)止损市价订单及止损限价订单等。(5)市价订单未成交部分转限价订单、限价订单盘中未成交收盘转为市价订单、市价订单未成交部分取消等。

美国、英国、日本等国家和地区主要证券市场的订单种类详见表3-1,其普遍实行的订单种类包括限价订单(Limit Order)、市价订单(Market Order)、全部成交或取消(Fill or Kill)、立即成交或取消(Immediateor Cancel)、限价订单盘中未成交收盘转为市价订单、开盘订单(Market on Open)、收盘订单(Market on Close)、止损订单(Stop Order)及冰山订单(Iceberg Order)等。

表3-1 国外及香港主要交易所提供的订单类型比较

交易所	巴黎	伦敦	德意志	香港	东京	韩国	新加坡
限价订单	√	√	√	√	√	√	√
市价订单	√	√	√	√	√	√	√
一定成交订单	√						
全部成交或取消	√	√	√	√		√	
市价订单成交后未成交部分转为该成交价的限价订单	√		√		√		
立即成交或取消	√	√	√		√	√	
开盘订单	√		√		√		
收盘订单			√		√		
止损订单	√		√				
最低成交量订单							
冰山订单	√	√	√				
最优订单		√					
当日订单	√		√				
指定期限订单	√						

续表

交易所	巴黎	伦敦	德意志	香港	东京	韩国	新加坡
注销前有效订单	√		√				
集合竞价订单			√				
接受余额订单			√				
均价订单				√			
特别限价订单				√			
加强限价订单				√			
限价订单盘中未成交收盘转为市价订单						√	√
限价订单指定价格为最近一次成交价					√		
限价订单指定价格为最近一次成交价增减一升降单位					√		
限价订单指定为卖空适用					√		

注:"√"表示交易所有提供此订单类型。

(一) 限价订单

限价订单是指提交订单时指定以特定价格买进或卖出。限价订单仅会在订单簿中存在符合指定价格的订单才会成交,因此也可能不被成交。

(二) 市价订单

市价订单指提交订单时以当时订单簿中最优价格完成交易,其撮合顺序将优先于限价订单,急于成交的投资者可以采用市价订单,但是在市场波动剧烈时,成交价格可能大幅偏离最优价格。

(三) 立即成交或取消订单

立即成交或取消订单指该笔订单所指定的价格及数量无法立即与订单簿中的反向订单全数或部分成交时,则该笔订单的未成交部分立即取消。该类型订单可同时适用于集合竞价及连续竞价。

(四) 全部成交或取消订单

全部成交或取消订单仅适用于连续竞价，不得参与开、收盘集合竞价，可限定或不限定价格，其价格决定方式与市价及限价订单一致，只是该订单数量必须全部成交，否则全部取消不参与撮合。该类型订单可避免部分成交。

(五) 开盘订单

开盘订单指集合竞价期间提交的订单，系统会自动转化为理论开盘价的限价订单。该类型订单会根据理论开盘价的变动持续被更新直到交易开始，因此会以开盘价格撮合成交，其余未成交部分，则留在订单簿中且自动转变成限价订单。

(六) 收盘订单

收盘订单指于收盘集合竞价期间提交的订单，系统会自动转化为理论收盘价的限价订单。该类型订单会根据理论收盘价的变动持续被更新直到交易开始，因此会以收盘价格撮合成交。

(七) 止损订单

止损订单指订单指定止损价格，当市价到达所指定的止损价位时，该订单便自动成为市价订单（止损市价订单）或限价订单（止损限价订单）执行交易。设定止损价位时，买进的止损订单其指定价位必须高于最新成交价，卖出的止损订单其指定价位必须低于最新成交价。该类型的订单主要作用为锁定损失或保护利润。

(八) 冰山订单

冰山订单指订单需要确定限定价格、全部订单数量及尖峰数量（Peak Volume），根据价格优先、时间优先原则，在连续竞价时，当尖峰数量完全成交时，其他冰山订单中的隐藏部分，将产生另一个新的尖峰进入订单簿；在集合竞价时，冰山订单的全部订单数量会参与价格的决定。该尖峰数量必须达到交易所订定规定的最低数量标准，并对市场披露。

第二节　订单撮合与价格形成

（一）市价订单

集合竞价阶段的市价订单按照订单簿内最高限价买进及最低限价卖出（若无限价买进/卖出订单申报时，则按照参考价格），与其他限价订单一起决定成交价。

连续竞价阶段一般做法如下（伦敦、巴黎及德意志证券交易所）：（1）当订单簿反向仅存限价订单时，依次与对手方限价订单的买进价格较高或卖出价格较低者成交。（2）当订单簿反向仅存在市价订单，则以最近一次成交价作为成交价格。（3）当订单簿反向同时存在市价订单及限价订单时，则与该对手方市价订单优先成交，成交价格以对手方最高限价买进（最低限价卖出）与最近一次成交价格两者孰高（孰低）确定。未能全部成交部分依次与对手方限价订单的买进价格较高（卖出价格较低）者成交，成交价为该对手方订单买进/卖出价格。

（二）限价订单

集合竞价按照成交时以能满足订单簿内买卖双方的最大成交量的价位成交。连续竞价阶段一般做法如下（伦敦、巴黎及德意志证券交易所）：（1）当订单簿反向仅存在限价订单可以与提交的限价订单成交时，依次与对手方限价订单的买进价格较高（卖出价格较低）者成交，成交价为该对手方订单买进（卖出）价格。（2）当订单簿反向仅存在市价订单，成交价格则以提交的限价订单与最近一次成交价格孰优来确定。（3）当订单簿反向同时存在市价订单及限价订单，则优先与该对手方的市价订单成交，成交价格则以该提交限价订单价格、最近一次成交价格、对手方最高限价买进（最低限价卖出）价格三者孰高（低）来确定，剩余未能全部成交部分，再依次与对手方限价订单的买进价格较高（卖出价格较低）者成交，成交价为该对手方订单买进（卖出）价格（见表3-2）。

表3-2　　　　国外及香港主要证券交易所竞价交易方式比较

交易所	开盘	盘中	收盘
伦敦	集合竞价	连续竞价，并有瞬间价格稳定措施	集合竞价
德意志	集合竞价	连续竞价及两次集合竞价，并有瞬间价格稳定措施	集合竞价
		一次或多次集合竞价（针对交易较不活跃股票）	
巴黎	集合竞价	连续竞价，并有瞬间价格稳定措施	集合竞价
		一次或两次集合竞价（针对交易不活跃股票）	
香港	集合竞价	连续竞价	连续竞价*
东京	集合竞价	连续竞价，并有瞬间价格稳定措施	集合竞价
韩国	集合竞价	连续竞价	集合竞价
新加坡	集合竞价	连续竞价	集合竞价

注：*香港交易所曾经实行过收盘集合竞价，但是因出现收市阶段价格波动于2009年3月23日取消收盘集合竞价。

第三节　中国股市订单报盘系统[①]

（一）席位

席位是指交易所向会员和特别会员提供的在交易大厅设置的用于报盘交易的终端或用于交易的电脑远程通信端口[②]。持有交易所席位和交易单元，就享

[①] 本节主要参考了深交所《席位管理改革报告》和《深圳证券市场交易、结算、通信系统性能评估汇报》。
[②] 深交所1994年11月11日发布的《深圳证券交易所席位管理暂行规则》第1.2条的规定。

有了在交易所交易的资格。根据 2008 年统计,深交所席位总量超过 3000 个。

(二) 通信端口

通信端口是指用于各种类型证券交易业务的专用远程通信设备。一个规范配置的通信端口是由地面通信站和双向卫星小站组成的"天地互备"通信系统;只有一个地面通信站或一个双向卫星小站组成的通信端口被称为非规范配置的通信端口。

(三) 报盘方式

目前,订单报盘的方式有两种,分散报盘和集中报盘。2001 年以前绝大部分券商所使用的报盘模式是分散报盘,即券商下属的营业部直接向交易所传输订单。分散报盘下订单传输方式如图 3-1 所示。集中交易是指证券公司总部或其区域中心的电脑主机系统汇总下属营业部的订单交易指令,然后向交易所集中传输交易订单的申报方式。集中交易模式的普及致使证券营业部的功能发生了本质改变,证券营业部不再具有单独报盘的功能。集中报盘的指令传输方式如图 3-2 所示。集中报盘比分散报盘多了一个汇总订单的环节。

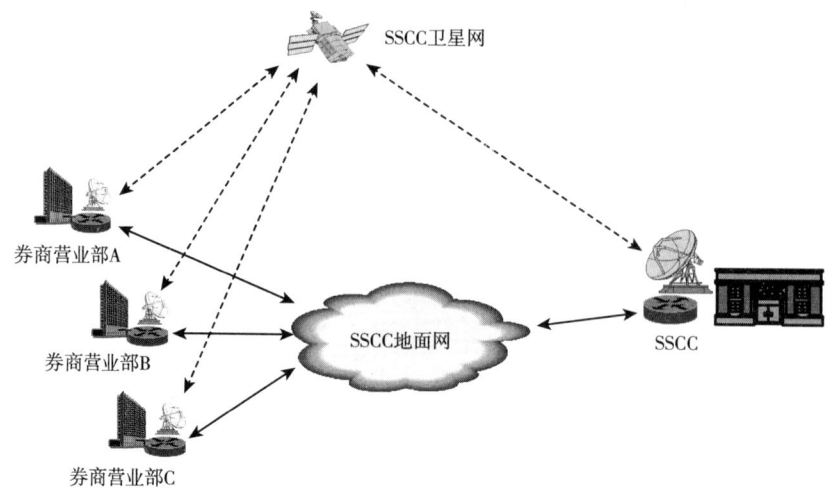

图 3-1　分散报盘下订单传输方式

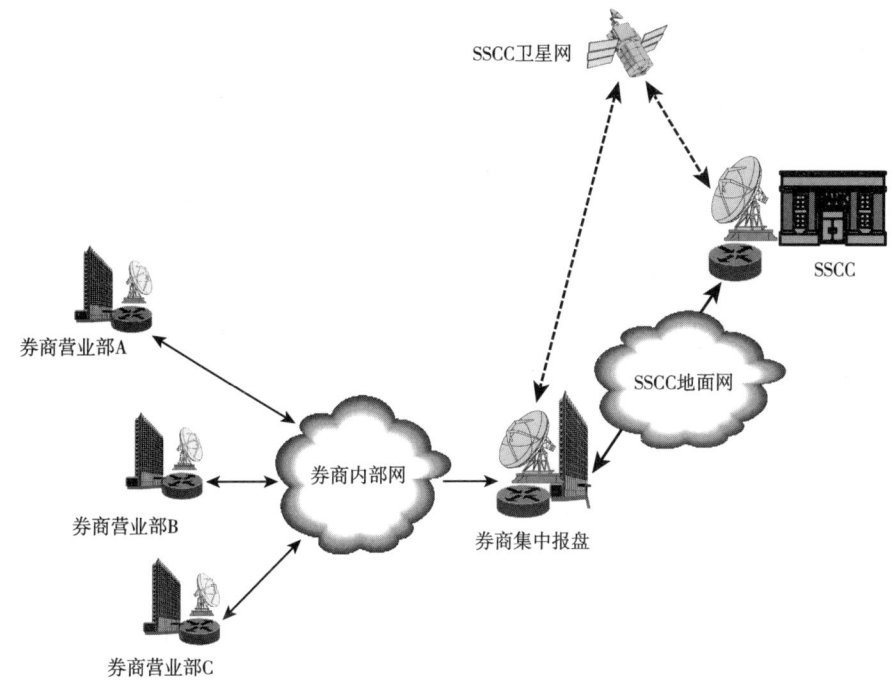

图 3-2 集中报盘下订单传输方式

（四）订单传输和撮合的过程

中国股市是一个以订单驱动机制为基础的市场，称为订单驱动市场。在 2006 年 7 月 1 日前，只有限价订单是允许的。交易期间共分为三段分别为开放式集合竞价（上午 9:15~9:25），冷却期（上午 9:25~9:30）和连续双向竞价期（上午 9:30~11:30 和下午 13:00~15:00）。

投资者提交的订单通过分散报盘或者集中报盘，通过由地面通信站和双向卫星小站组成的"天地互备"通信系统（即通信端口）进入通信公司系统。交易所主机通过扫描读入投资者提交的订单。订单在被扫描后才能进入撮合进程进行配对交易，并进入后台结算系统完成清算和交收。

订单在交易所主机按照价格优先、时间优先进行撮合，撮合成交的订单进入结算公司的结算系统进行资金与证券的交割，而未成交的订单则继续留在订单簿队列中等待成交。另外，相关的成交回报信息和行情信息通过通信端口传送回相应的系统,投资者可以通过证券公司提供的行情系统观察到相关的成交回报信息和行情信息。

第四节 中国股市订单特征与概况[①]

中国股票市场主要有限价订单与市价订单两大类订单(这里以深市为例,沪市情况基本与深市一致)。其中市价订单类型有对手方最优价格委托、本方最优价格委托、即时成交剩余撤销委托、最优五档即时成交剩余撤销委托、全额成交或撤销委托等几种。

从订单类型来看,个人投资者订单占主要部分(2010年占92%),机构订单只少数(占8%)。中国投资者主要习惯使用限价订单,较少使用市价订单,2010年市价订单只占订单笔数的0.39%。限价订单则占主要部分,其中可以划分为非市价化限价订单(59.94%)和市价化限价订单(39.67%),这里非市价化限价订单指的是进入买卖队列时,不能被立即成交的限价订单;市价化限价订单指的是进入买卖队列时能被立即成交的限价订单。在中国股市,撤单比较频繁,几乎占到1/3(2010年为27%),说明撤单被中国投资者频繁应用。

近年来,深市订单执行效率总体较高,并且呈现上升趋势,其中限价订单、非市价化限价订单和市价化限价订单的平均执行时间分别为261秒、636秒和31秒(订单从到达至成交完成的时间间隔),执行效率总体优于之前各年度的水平(见图3-3)。

深市订单执行质量处于稳定水平(见表3-3~表3-5)。以2010年为例,按股数计,64%的订单被成交,38%的成交订单在提交后10秒内被成交;32%的成交订单在最优报价内被执行,91%的成交订单以单一价格被执行;27%的订单被撤单。市价订单使用比例(占比为0.39%)有所下降(2009年为0.52%),机构投资者提交订单比例有所上升,占7.99%(2009年为3.92%)。

---

① 本节对订单类型的特征统计主要引自于深市各年度市场绩效报告。

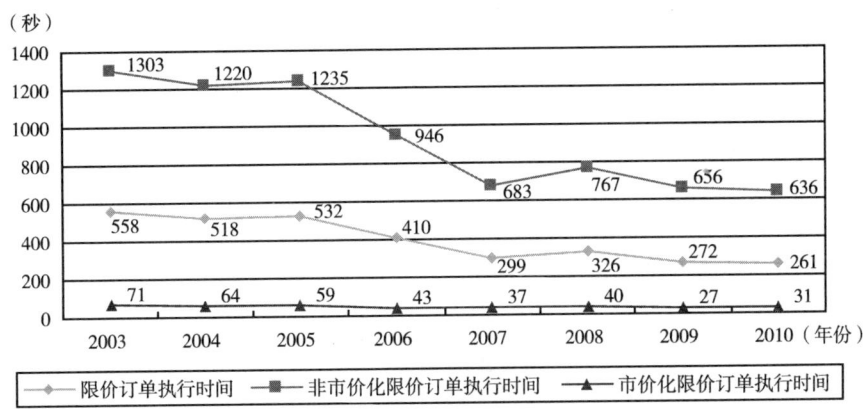

图 3-3　2003~2010 年深市 A 股的订单执行时间

表 3-3　　　　　2006~2010 年订单成交分类统计　　　　单位:%

指标	2006 年	2007 年	2008 年	2009 年	2010 年
成交比例	61	63	60	72	64
撤单比例	29	27	29	20	27
市价化限价订单提交比例*	36.19	30.30	38.72	27.20	39.67
非市价化限价订单提交比例	63.77	69.26	61.66	72.29	59.94
市价订单提交比例	0.03	0.44	0.38	0.52	0.39
机构订单提交比例	6	7	7.76	3.92	7.99
提交后 10 秒内成交比例	30	36	34	44	38
最优报价执行比例	32	27	29	33	32
单一价格执行比例	85	84	86	92	91
限价订单执行时间（秒）	410	299	320	276	261
非市价化限价订单执行时间（秒）	946	683	767	656	636
市价化限价订单执行时间（秒）	43	37	40	27	31

注：* 非市价化限价订单指的是进入买卖队列时，不能被立即成交的限价订单。市价化限价订单：指的是进入买卖队列时，能被立即成交的限价订单。

资料来源：深交所中心数据库。

表3-4　　2010年机构投资者成交金额占市场全部成交金额比例　　单位:%

	集合理财	保险公司	投资基金	社保基金	一般机构	合格境外机构投资者（QFII）	券商自营	合计
A股主板	0.40	0.59	6.72	0.25	3.87	0.56	0.53	12.92
A股中小板	0.43	0.49	5.27	0.19	3.65	0.31	0.39	10.73
A股创业板	0.37	0.00	3.75	0.17	3.60	0.15	0.41	8.45

数据来源：深交所信息管理部。

表3-5　　　　　　　　　　订单特征指标含义

指标	理论含义	方向说明
订单执行比例	是指成交订单占提交订单总数的比例（以股数计量）	该比例越高，表明订单执行状况越好
最优报价执行比例	是指成交订单在最优报价范围内被执行的比例（以股数计量）	该比例越高，订单执行效果越好
单一价格执行比例	是指以同一价格全额成交的订单占订单总数的比例（以股数计量）	该比例越高，订单执行效果越好
订单执行时间	是指订单从提交至执行的时间间隔。该指标实际上也反映了流动性的即时性维度	订单执行时间越短，表明订单执行速度越快，交易效率越高
其他指标	（1）撤单比例；（2）订单类型构成：市价化限价订单提交比例、非市价化限价订单提交比例、市价订单提交比例；（3）机构订单占比：机构订单提交比例、机构订单成交比例；（4）提交后10秒内成交比例	/

第五节　美国股票市场订单处理

美国证券市场最主要的交易所是纽交所和纳斯达克市场，其他属于地区性的交易所。本节主要介绍美国市场中投资者提交订单的处理流程。美国市场投资者通过网络进行交易，订单并不是直接提交到证券交易所，而是先传送至券商，再由券商决定将订单传送至哪个市场成交。交易执行需要花费时间且价格变动非常快，投资者可能无法完全按照计算机屏幕上所看到的成交价格成交。美国市场同一股票可以在不同交易所间交易：

（1）投资者买卖交易所挂牌股票。券商可以将投资者的订单直接下单至该交易所，也可以提交给其他交易所（如地区性交易所）或第三类做市商。第三类做市商是随时准备买进或卖出在交易所公开报价股票的公司。部分地区性的交易所或第三类做市商会支付一定费用给券商以获得更多订单。

（2）投资者买卖柜台市场股票。例如券商会将投资者订单传送至该股票的纳斯达克做市商，同样地，做市商可能通过支付券商部分回佣的方式来吸引其提交订单。

（3）券商可将投资者订单，尤其是限价订单输入电子化交易网络（ECN）后，自动根据限定价格撮合买卖订单。

（4）券商也可决定是否将投资者的订单传送至本公司其他部门以消化公司自有库存，这种情况下券商可以通过价差以获利。

美国券商一般使用自动系统管理处理客户订单。当决定如何执行订单时，券商有责任寻求最佳执行（Best Execution）。券商必须针对竞争市场、做市商或电子交易网络所提供最有利的执行条件，每隔一段时间整体评估执行质量。投资者也可要求券商将自己订单下至特定交易所、做市商或电子交易网络。美国证券和交易委员会为改善订单执行的信息披露，要求交易所有市场的证券，必须每月以电子披露方式，披露订单执行交易质量的基本信息，包括各种规模的市价订单如何执行，以及投资者传输订单至特定市场的有效买卖价差。美国证券和交易委员会也规定券商必须响应客户查询过去6个月其订单是传输至哪个市场成交的。

第六节　黑池发展与订单处理

正如美国证券和交易委员会（SEC）主席夏皮罗所阐述的，"一个稳定，公正，高效的市场结构，是我们的资本市场的骨干力量"。近年来，以美国股市为代表的国际资本市场的市场结构已经发生了巨大变化，传统做市商的角色基本上都消失了。2000年前，大部分股票的数量是手动执行，现在几乎所有的订单是经由全自动化系统执行，执行和订单响应快至不到千分之一秒。2006

年前美国股市的80%交易在交易所场内执行，2010年纽交所交易金额占比只有26%，其余在10多个交易所、30个黑池和超过200个经纪商等执行，近30%执行订单不显示其流动性，并且该比例还在继续增加。

（一）黑池定义与发展

黑池是一种为买卖双方匿名配对大宗股票交易的平台，主要由机构投资者参与买卖，运作并不透明，不会展示买卖盘价及报价者的身份，也不会向公众披露已执行交易的详情。

目前主流黑池结构有两种：第一种，大型经纪商和交易商拥有的黑池（Large Broker - Dealer - Owned Dark Pools）。这种形式的黑池迄今为止发展较为成功，因其内部流动性的整合以及对外部交易指令的开放（Open Up to the External Order Flow）。第二种，交易所所有黑池（Exchange - Owned Dark Pools）。这种形式黑池之所以产生是因为上述第一种形式黑池的发展对传统交易所的交易量和收入产生的巨大压力。

黑池现象在北美地区，尤其是美国，出现频率最为普遍。据美国证券交易委员会统计，大约32个黑池交易在监管市场（Regulation NMS Stock）范围内，2009年第三季度，这些黑池执行大约7.9%的订单。

在欧洲有组织的公开市场下，超过90%的交易是交易前透明的，同时，2009年占全部交易份额8.9%的交易在规范市场和多边交易设施（MTFs）中执行的。2010年第一季度中，EEA范围内占全部交易份额8.5%的交易在规范市场和多边交易设施（MTFs）中执行的。

多年以来黑池提供的流动性可以帮助交易者保持匿名性，并对市场影响不大的情况下执行交易者订单。近些年来，由于科技的进步以及监管环境改变促进了竞争和电子交易的发展，黑池交易逐年稳步上升。相比之下，传统交易所的交易量却在逐年缩水。

第一家黑池（Instinet's after Hours Cross）成立于1986年。1987年，ITG公司成立了即日交易（Intra - Day Crosses）平台（Posit），以纽约证券交易所（NYSE）最高买价与最低卖价（National Best Bid and Offer, NBBO）之间的中间价进行撮合。在短短的几年之内，Instinet和Posit每天的交易量就达到了上百万股，其平均交易规模数倍于一般交易场所。2002年ITG引入了"连续撮合（Continuous Match）"的机制，称之为 Posit Now。到 2004 年末，美国市场已经拥有数家交叉盘网络（Crossing Network），包括 Instinet、ITG、Pipeline、Millenium 等，通过这些平台进行交易的交易量大概占到了全美市场交易量的 2%。此时，两项新技术引入了市场，导致黑池交易的爆炸性增长：其一是新智能路由（Smart Routers，SOR）的引入。这一工具可以迅速寻找到并与黑池或交易所等各种交易媒介建立联系，使现有流动性以更好的价格更优先的位置进行交易，减小交易成本，增加交易质量并减少对市场的冲击。其二便是交易商的内部化引擎（Broker Dealer Internalization Engine），这样交易商能够将交易产生的现金流内部化，同时将尽可能多的交易在其内部的黑池中解决。此后，黑池占比从 2004 年末的 2% 增长到了 2008 年初的 8%。

（二）黑池产生的动因

导致黑池的主要原因包括：(1) 匿名交易，信息泄露最小化；(2) 市场冲击成本最小化；(3) 便于深度不足和难以在透明市场中实现的大宗交易执行；(4) 更好地控制订单执行；(5) 保护自营交易信息；(6) 可以实现算法交易，或者那些在透明市场内试图发现和判定暗订单使用的项目间的相互联系；(7) 实现价格改善（Price Improvement）；(8) 最小化交易成本；(9) 通过技术能够引入尽可能多的流动性（Access to Liquidity）。

（三）黑池的运行

对于定价过程来说，黑池在一项交易中交易双方匹配（matched）之后用以下三种模式来进行定价：

(1) 自动定价（Automatic Pricing），即通常取最佳买入卖出价的中间价（midpoint of the best bid and offer）；

(2) 派生定价（Derived Pricing），举例来说，最后 5 分钟的平均价格；

(3) 协议定价（Negotiated Pricing）。

以前曾经是大宗交易（Big-Block Trading）领地的黑池现在已经发展成为一个支持中小型交易指令的交易平台，并产生了一种新型交易方式——"高频"交易（High-Frequency Style）。这一交易方式相比于原来的大型交易，依赖于以毫秒计的高速度，其操作覆盖面变得更加广泛。目前黑池交易加入了各种算法系统（Algorithms）、Smart Order Routers、高频交易者（High-Frequency Traders）、交易所的流动性。这标志着黑池的基础性的转变。

黑池可以根据一系列特点加以区分，包括进入权限、黑池的结构、被允许的订单种类、订单如何进入以及价格如何引入和执行。表3-6表明了黑池的主要特点，当然不是所有黑池都具备以下所有特点。

表3-6　　　　　　　　　　　　黑池的潜在特点

黑池的特点	具体说明
进入条件	进入黑池的条件一般取决于操盘者和黑池的结构。以下进入者一般被允许： 仅客户参与者； 仅机构投资者； 仅大型经销商； 其他交易场所。 或者任何上述对象的组合
允许的订单种类	一般能进入黑池的订单种类包括： 市场型； 限制型； 固定型（Pegged）； 中点型（Midpoint）； 即时或取消型（Immediate or Cancel）； 最小订单数量（如：大型订单）
订单的提交	订单要由任一以下方式提交： 直接通过一个市场参与者； 间接通过电子订单通道； 黑池对已经提交到经销商的手持订单的扫描
价格的决定	黑池内的价格通常与交易所市场的价格相关。具体说来，这些价格的执行取决于以下的相关因素： 最优的买入或卖出价（BBO）； BBO的中点价； 在当前成交量加权（Current Volume-Weighted）条件下BBO的延伸； 在当前时间权重（Time-Weighted）下，BBO的平均价格

续表

黑池的特点	具体说明
订单执行	在黑池内可能被执行的订单： 处于连续的基础上； 在买入期权（Call Option）期间； 根据买卖双方间的交易条款谈判（如：价格、成交量和结算日）
其他	其他黑池特点的杂项包括： 黑池的运作模式及结构； 代理商与主体交易（Principal Trading）； 经销商面临风险时的 Crossing Systems/Processes； IOIs 的津贴（Allowance of IOIs）

（四）黑池监管情况

黑池的监管模式有很多种。有一些是本身作为交易所而进行运作和监管，而另一些则作为交易所的一个组成设施（Facility of An Exchange）进行运作，还有一些则可以视为另类交易系统（ATS）、多边交易设施（MTF）或者交叉系统（Crossing Systems）。

2005 年，美国证监会（SEC）提出了"NMS 法案"（National Market System），将在不同交易场所的订单交流进行具体规范。而 2004 年欧盟的"MiFID 法案"则并未对订单交流进行干预，而是要求重要信息的披露，来帮助市场参与者选择对自己最为有利的交易策略。

2007 年美国和欧洲相继对黑池进行法规规范，然而两者对待黑池的态度则截然相反。欧洲努力使其更加自由和分散化，让投资者能在不同的市场互动中自由选择。而美国则选择干预和更为细节化。美国对黑池的监管注重不同交易场所的联通，欧洲则将重点放在投资者，要求经纪商能够为投资者制定合适的执行策略。

在美国，黑池既可以是另类交易系统（ATS）形式，又可以作为经纪商交易系统（Dealer – Trading System）。上述形式的黑池将受到适用于经纪自营商（Broker – Dealer）方面的法规的监管。

在欧洲，欧洲金融工具市场法规（Markets in Financial Instruments Directive，MiFID）提出了对欧洲分割市场及黑池的具体监管要求。黑池可以通过规范市场（Regulated Markets）运行，或者以满足特定交易前透明度标准（Pre-Trade Transparency）的多边交易设施（MTF）方式运行。多边交易设施既可以由交易所操作又可以由中介机构（Intermediary）操作。

在加拿大，黑池大多以另类交易系统（Alternative Trading Systems Ats）的方式而受到监管，并且要满足包括注册为自律组织的投资成员（Investment Dealer And Membership in A Self-Regulatory Organization）在内的其他要求。黑池也可以作为交易所的一个下属设施进行运行，而此时，黑池就要受到交易所规章的约束。

在日本，黑池交易是由证券公司进行运作，其形式是证券公司内部交易撮合，之后按有关部门要求，将撮合的订单报送到交易所进行执行（Executed）。进一步地，运作黑池的证券公司必须注册为金融工具企业（Type Ⅰ Financial Instruments Businesses）。

第四章
中国股票市场订单簿特征的理论与实证

订单簿的形状与特征跟市场中的投资者行为和价格形成有着密切的关系。研究该问题有着重要理论和现实意义。一方面，掌握订单簿的形状与特征有利于投资者制定最佳策略下单进行投资、对冲、套利等活动；另一方面，只有真正理解和掌握订单簿的形状与特征，才能进行理论建模，从而深入刻画市场中订单特征与订单的行为。本章就是通过对中国深圳股票市场的实证分析，试图掌握中国股市中的订单形状与基本特征，以有利于今后进一步深入的研究。

本章的研究主要发现：首先，多数订单都是按照最优价格提交，并且三个阶段的买卖订单的分布都是不对称的，订单相对价格在连续竞价阶段的条件分布独立于买卖价差和波动性。此外，连续竞价阶段收益率的条件分布与买卖价差和波动率无关。其次，本书基于深市的限价订单模型的概率函数，发现平均交易量 LOB 形状的模型与最优交易量具有较大的距离并在 LOB 函数内呈现指数下降的趋势，LOB 形状的模型在买卖双方之间是对称的，模型符合厚尾特征。LOB 函数在每分钟平均交易量拥有长记忆性，可以解释为日内模式。

第一节 中国股票市场订单簿特征与形状的实证分析[①]

本节主要通过订单簿的统计特征分析订单提交行为特征。在文献回顾和理

[①] 本节主要内容来自顾高峰、陈炜和周炜星发表的英文论文《中国股票市场订单提交特征的实证研究》(Gao-Feng Gu, Wei Chen, Wei-Xing Zhou, 2008, *Physica A*)。

论分析的基础之上，以 2003 年全年深交所 23 只股票的订单簿超高频数据，实证研究了在开盘集合竞价、冷却阶段和连续竞价三个阶段的订单提交规律。相对参考价格的对数价格分布在三个阶段既显示出了一些共同的特性，也显示出了一些各阶段独有的特征。实证结果显示订单相对价格分布具有相似性，订单提交行为是在买家和卖家之间以及订单簿内的挂单和订单簿外的挂单之间的非对称交易行为。大部分订单都是按照最优价格（买一或卖一价）提交，并且三个阶段的买卖订单的分布都是不对称的，更多订单以订单簿内的价格提交。所有分布都明显受到中国股市涨跌幅 10% 交易规则的影响，并且订单相对价格在连续竞价阶段的条件分布独立于买卖价差和波动性。此外，连续竞价阶段收益率的条件分布与买卖价差和波动率无关。这些结果对在中国股票市场上以订单交易为基础建立微观行为模型起至关重要的作用。

（一）订单分布特征的理论与文献综述

经典金融经济学领域，股票收益率包含缺乏自相关、厚尾分布、多重分形及间歇性、波动聚集和杠杆效应等特征。这些特征往往可以通过微观结构模型再现。如果一个微观模型呈现出与模拟真实的典型事实相符，该模型被认为是符合金融市场的某些基本规律。基于价格的形式变化分类，金融市场上有两种类型的微观模型，分别是以代理为基础的模型和以订单为驱动模型。在基于代理模型的价格变化是由需求和供应决定的，包括渗流模型的不平衡决定，伊辛模型，少数者博弈模型与其他。订单驱动模型的价格变化基于连续双向拍卖（CDA）的机制。两种订单驱动模型的基本成分是订单提交和撤单。完成订单驱动交易的过程在一定意义上可以凭借以往经验总结和提炼特征与规律，从而模拟现实的行为模式。

由于订单的比例远远高于撤单的总和，订单在模拟订单驱动模型生成的价格变化研究中起到了关键作用。委托订单时，交易者需要确定方向（"1"购买和"-1"为卖）、订单规模和价格。在决定订单的价格时交易者面临必须权衡确定肯定的利益和潜在的好处。耐心的交易者可能权衡后提交较消极的订单至订单簿（高价格卖单和低价格买单）。这与优先考虑订单执行确定性的急切交易者不同。这种类型的交易者希望尽快进行交易要并以更具积极性的价格在限制定价内进行委托（低价格卖单和高价格买单）。

佐夫科和法莫（Zovko & Famer）研究了被定义为距离在限价内以相同最优价格提交的订单价格的无条件分布。他们从在伦敦证券交易所上市交易（1998年8月1日至2000年4月30日）的50只股票的合并数据中发现衰变的大致分布与尾部指数为 $\alpha = 1.5$ 的买和卖订单。鲍查德（Bouchaud）等分析了在巴黎证券交易所（2001年2月）中三种高流动股票的订单，发现其订单簿里面的订单的相对价格分布遵从尾部指数 $\alpha = 0.6$ 的幂律分布。波特和鲍查德（Potters & Bouchaud）考察三只纳斯达克股票订单（6月1日～7月15日，2002年）的相对价格分布，发现分布呈现幂尾部指数 $\alpha = 1$。增川（Maskawa）分析了13个在2004年伦敦证券交易所电子交易服务从7月到12月的重构订单，发现限价挂单内所有订单的价格变化服从指数为 $\alpha = 1.5$ 幂律分布，该结果与佐夫科和法莫（Zovko & Famer）一致。增川（Maskawa）分析了更多订单簿外订单，发现反向的订单（卖单）比正向的订单（买单）衰减得更快。麦克和法莫（Mike & Famer）集中在名为AZN的股票和24只在伦敦证券交易所上市的其他股票进行检验，结果发现价格相对数的分布是独立于买卖价差的。也有很多努力寻求影响委托订单安排的因素。运用15只在瑞士证券交易所的股票，罗纳尔多（Ranaldo）发现，无论是买卖价差和波动性负相关都受订单积极性影响。里洛（Lillo）分析了以在限价订单作为最大化考虑中的幂律分布的起源，其考虑三个因素：时间跨度、效用函数和波动性。他发现，时间跨度异质性是幂律分布在相对对数价格中的直接原因，而波动性的异质性是难以与幂律分布的起源相关的。

本节实证了开放集合竞价、冷却期、连续双向竞价期三个时期订单相对价格的无条件概率分布价格，之后分别研究买卖价差和波动性的条件概率分布。

（二）订单分布的实证研究

1. 数据集。

本节选择23只2003年深市挂牌交易的股票作为研究样本。其中订单可以通过委托订单的时间顺序进行识别。一个在 t 时间的价格的对数可表示为 $\pi(t)$。该订单的报价价格升降单位为人民币0.01元。作为一个新兴的股票市场，以限制投机和健康发展为目的，交易所规定了10%的每日股票交易价格限制，这意味着在交易天 t 的最高价格波动必须限制在前一个交易日的收盘价格 10% 内。

2. 相对价格对数的无条件分布。

这里定义相对价格 x 作为订单价格与参考价格的对数距离：

$$x(t) = \begin{cases} \pi(t) - \pi_{r_1}(t-1), & \text{for buy orders} \\ \pi_{r_2}(t-1) - \pi(t), & \text{for sell orders} \end{cases} \quad (4-1)$$

其中 $\pi(t)$ 是在时间 t 即将发生的订单的对数价格，$\pi_{r_1}(t-1)$ 和 $\pi_{r_2}(t-1)$ 是在时间 t 订单指令发生前的对数参考价格。参考价格 π_{r_1} 和 π_{r_2} 的准确定义以及这些定义在不同交易时间的不同表现会在后面给出。粗略地说，拥有较大相对价格 x 的订单价格更具积极性。

在中国股票市场，有 10% 的每日价格限制。如果一只股票的收盘价格是 P，那么任何连续交易日订单的价格限制范围为 [P_{min}, P_{max}] = [R(0.9P), R(1.1P)]，其中 R（y）是 y 的升降单位为 0.01 元的整数。该相对价格 x 的定义域是：[π_{min}, π_{max}] = [ln(0.9/1.1), ln(1.1/0.9)] ≈ [-0.2007, 0.2007]。

因此，所有这些分布图表中的横坐标有固定的宽度。此外，无论什么样的分布函数形式，x 在任意时刻都存在。这里通过 23 只股票在不同交易机制时期（开集合竞价、连续竞价期间、冷却期）研究相对价格 x 的概率分布。比较个股的分布，可以发现个股之间非常类似。这并不奇怪，因为同样的投资者投资不同的股票使得不同股票的行为相似。因此，这里把所有股票当作一个整体和研究 23 只股票各个时期所有数据的分布。x 变量在所有股票中的变化范围为 [-0.2007, 0.2007]。值得注意的是，密度函数 $f(x)$ 的概率表现为，订单是在一个给定的相对价格 x 且不在价格的限定密度范围内的。

3. 开放集合竞价分布。

开放式集合竞价是在每个交易日的 9:15~9:25 之间进行的。它指的是在这段时间内集中即时的接受买卖订单的匹配过程。在任意时间 t 内，虚拟交易价格 $\pi_v(t)$ 的确定是根据以下原则：（1）价格决定最大的交易量；（2）订单的成交允许买方订单可以较高的买入价买进而卖方订单可由较低的卖出价卖出；（3）同一价格可由买卖双方同时成交。这样的订单要在开放集合竞价结束时成交。"虚拟"的意思订单不是真正的成交。虚拟的价格更新变化是所有投资者在即时行情中都能看到的。不管一项新的订单成交或者取消，虚拟价格都在更新。但是，这里的新价格只有在新订单成交时伴随着时间戳 t 的改变而变化。

根据相对价格 x 在公式（4-1）中的定义，在开放集合竞价：

$$\pi_{r_1}(t) = \pi_{r_2}(t) = \pi_v(t)$$

其中 $\pi_v(t)$ 为 t 时刻的虚拟交易价格。图 4-1 画出的相对价格 x 在开放式集合竞价期间关于买方（圆圈）和卖方（钻石）的概率分布。图 4-1 左图显示，密度函数 $f(x)$ 在三个地方拥有局部极大值。当 $x = 0$ 时，$f(x)$ 的函数达到最大值，这意味着虚拟价格 π_v 在订单中起着重要作用。较大部分的订单（3.46%）是在虚拟价格的基础上增加成交概率的。在接近 $x = 0$ 时，出现第二个极大值，这意味着交易者处于被动的状态：买方以更高的价格成交，而卖方以更低的价格抛出，通过确定性的成交概率来降低成本。第三个极大值出现是在接近 $x = -10\%$ 的时候，即每日价格限制。为了符合每日价格限制交易规则，不管现有的交易价格是多少，大部分有耐心的交易者都在低价买进高价卖出。换句话说，概率分布的最大值在第二天将重新又在 $x = 0$ 处出现。第三个极大值的出现是基于这两个事实进行解释的。还有另一个节点即 $x = 10\%$ 时，这也是由价格限制规则引起的。

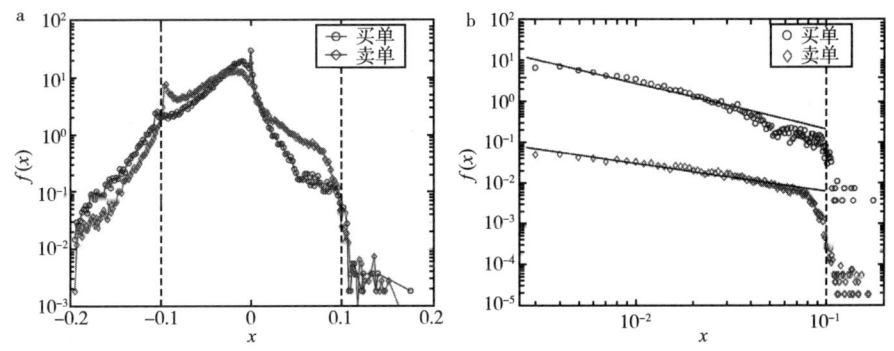

注：左图：经验概率密度函数 $f(x)$ 是关于 23 只股票在开放式竞价期的买卖订单数据的集聚分布。右图：双对数图的概率密度函数 $F(x)$ 关于相对价格 $x > 0$ 正相关。订单买卖的变化数据是 α（买）$= 0.13 \pm 0.04$ 和 α（卖）$= -0.31 \pm 0.02$。

图 4-1 开放集合竞价期订单的概率密度函数

x 的分布是在订单内（$x < 0$）和订单外（$x > 0$）是不对称的。该密度函数 $f(x)$ 的衰变在订单内比较缓慢。换言之，更多的交易者为了减少投资成本而表现得比较被动。此外，买卖双方的函数分布表现不同。更多的买方订单的价格接近虚拟价格。买卖双方不对称性分布的基础机制目前还尚不清楚。

在图4-1右图中,这里将概率密度函数$f(x)$作为相对价格在订单外的功能性函数来研究双对数的概率密度分布。可以发现,每个分布大致遵循幂律分布:$f(x) = x^{-(1+\alpha)}$。最小平方数的线性规律给出了幂指数α(买) = 0.13 ± 0.04 在 $0.002 \leqslant x \leqslant 0.045$ 的范围内以及 α(卖) = -0.31 ± 0.02 在 $0.002 \leqslant x \leqslant 0.072$ 的范围内变化。

4. 冷却期的分布。

跟随着开放式集合竞价期,冷静期开始在9:25并在9:30结束。在此期间,交易系统是开通的,但不处理或取消订单。交易系统在每边显示的前三个最好的信息。称之为"冷却期"是因为交易信息包括价格和显示在终端屏幕上的交易量在这段时间内是不会改变。交易者根据这些参考信心调整自己的订单交易价格。相对价格x被定义为最优价格间的对数距离。根据公式(4-1)中相对价格x的定义,提出参考价格为:$\pi_{r_1}(t) = \pi_b(t), \pi_{r_2}(t) = \pi_a(t)$。其中$\pi_b(t)$和$\pi_a(t)$分别是最佳买入价和最佳卖出价并保持不变,与时间$t$无关。该概率密度函数$f(x)$在冷却期与相对价格$x$的订单买卖关系显示在图4-2中。

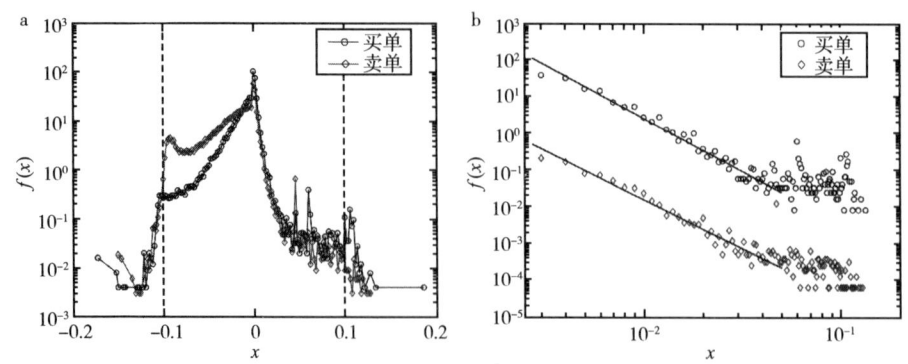

注:左图为经验概率密度函数$f(x)$是关于23只股票在冷却期的买卖订单数据的集聚分布。右图为双对数图的概率密度函数$f(x)$关于相对价格$x > 0$正相关。订单买卖的变化数据是α(买) = 1.89 ± 0.08 和 α(卖) = 1.66 ± 0.09。

图4-2 冷却期订单的概率密度函数

可以从图4-2左图中看出,在开放式集合竞价期买卖订单的定性是同一方向并且相似的。然而，$x=0$ 时在冷静期分布的概率最大值高于在开放式集合竞价期时出现的最大值，然而在冷静期中表现在开放式竞价期中的第二极大值消失了。由于相较于开放式竞价期，冷却期中概率分布有较少的数据点，因而 $f(x)$ 的功能概率分布在这个时间段有很大的波动。

在图 4-2 右图中，显示了 $x>0$ 在双对数相对价格中的正相关分布。主要线性关系根据幂指数律 α（买）$=1.89\pm0.08$ 在 $0.003 \leqslant x \leqslant 0.04$ 的范围内以及 α（卖）$=1.66\pm0.09$ 在 $0.003 \leqslant x \leqslant 0.04$ 的范围内变化。

5. 连续竞价期的分布。

连续竞价期（上午 9:30~11:30 和下午 13:00~15:00）是交易过程中的主要部分。它指的是在一个接一个的基础上连续匹配买卖委托订单的过程。在开放式集合竞价期间未执行的订单和放置在冷却期的订单自动进入连续竞价期。连续竞价期中的订单价格可由根据以下原则决定：（1）如果买方的最高价与卖方的最低价相符，该订单交易结束；（2）如果买价高于可交易的最低价，这笔交易以可交易的最低价成交；（3）如果买价低于可交易的最低价，订单交易以较高的价格成交。交易系统显示了五个最好的价格和成交量，订单限价和订单流等即时信息。2003 年没有收盘集合竞价（下午 14:57~15:00），收盘集合竞价是自 2006 年 7 月 1 日产生的。

两个参考价格为 $\pi_{r_1}(t)=\pi_b(t),\pi_{r_2}(t)=\pi_a(t)$。其中 $\pi_b(t)$ 和 $\pi_a(t)$ 分别是最佳买入价和最佳卖出价。中国股票市场如图 4-3 左图所示与其他股票市场实证证实的分布不同。最突出的特点是，存在节点 $x=\pm0.1$，这是中国市场的交易规则 10% 的价格限制导致的结果。第二个突出的差异是不对称性买盘和卖盘。在区间 $x\in[-0.1,0]$，密度函数 $f(x)$ 是更倾向于卖方订单，表明卖方拥有更多的耐心与较少积极性的委托价格进行委托。相反，在伦敦股票交易所上的股票在买卖订单分布上没有明显的区别。还可以发现每一种类型的买卖双方订单分布都显现出非对称性，并在 $x=0$ 时拥有最大值：意味着拥有更多的场内订单交易。这与麦克和法莫（Mike & Famer）所研究的结果是一致的。

当 $|x|>0.1$，三种厚尾分布呈指数衰减。与图 4-3 右图相比，这些厚尾分布与幂律指数分布相似。这两个可以统一描述为 $\ln|x|=|x|-1$，其中 $|x|-1$ 不大于 0。对于更具积极性价格的买方来说，$x>0.1$，厚尾分布呈现一个不正常的上升趋势。由于它们是限价订单，为了让一个订单成交最好的策略

就是用最高的价格 π_{max} 买入或者用最低价格 π_{min} 卖出。这是考虑这种不正常现象的部分原因。不过,目前尚不清楚为什么只存在异常买单。根据这一战略,人们可能希望看到局部的极大值在订单买卖双方的相对价格接近 $x=0.1$ 时,这也是真实的情况。对有耐心的被动交易者来说,10%的价格限制提供了一个简单的策略使得其能在最低价格 π_{min} 买入在最高价格 π_{max} 卖出。这种策略特别适用于那些交易者谁想要抄底或者逃顶。这一战略也适用于认为盘中大部分的价格可能波动的短期投机者。

在图4-3右图绘制了双对数图的概率密度函数。每条曲线在一定的幂指数范围内衰变,其中包含了 $\alpha_{buy}=1.66\pm0.07$ 在 $0.003\leq x\leq 0.04$ 和 $\alpha_{sell}=1.72\pm0.03$ 在 $0.003\leq x\leq 0.04$ 的范围内变化。这些幂律指数变化比在伦敦股票交易所上市的股票大。考察分布函数里面的负相关,可以发现 $\alpha_{buy}=1.72\pm0.03$ 在 $0.003\leq x\leq 0.04$ 和 $\alpha_{sell}=1.15\pm0.02$ 在 $0.003\leq x\leq 0.05$ 的范围内变化。这些指数变化和伦敦交易所上市的股票在某种程度上具有可比性。

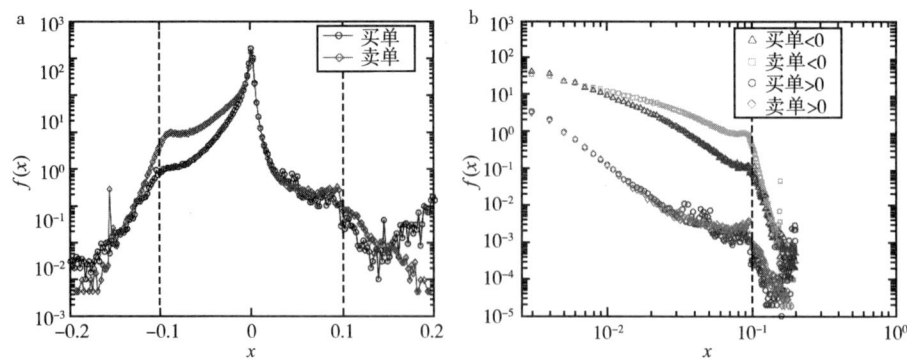

注:左图经验概率密度函数 $f(x)$ 是 x 关于23只股票在连续竞价期的买卖订单数据的集聚分布。右图双对数图的概率密度函数 $f(x)$ 关于相对价格 $x>0$ 正相关。

图4-3 连续竞价期订单的概率密度函数

6. 条件概率分布。

交易者在提交订单时可能会考虑到其他的因素,如买卖差价、股市的波动、预定委托的范围等。本节着眼于流动性最高的股票之一深发展(000001)在连续竞价的情况下,核对相应价格的概率密度函数是否分别取决于买卖差价和股票的波动。

(1)买卖价差的条件分布。

买卖差价是最优买卖报价之间的距离。一般而言，买卖价差可以看作为小额交易的成本和流动性宽度维度的度量。买卖价差的度量方法较多，这里采用麦克和法莫提出的定义：$s(t) = \ln \pi_a(t) - \ln \pi_b(t)$。麦克和法莫（Mike & Farmer）发现订单的相对价格的分布是独立于买卖差价的。对于 t 时刻订单价格为 $\pi(t)$ 的订单，相关联的价差是在订单达成之前的价差 $s(t-1)$。按照相关价差将数据分为四个小组，每个小组都有相同的大小。对于每个组，可以计算了买单和卖单的条件分布 $f(x(t)/s(t-1))$。可以发现在这四个组里，概率密度函数对于各种订单的影响几乎是一样的，且与买卖价差是独立的。该结果印证了麦克和法莫的实证结果。另一方面，该结果和罗纳尔多（Ranaldo）的结论相反，但是该文的订单是基于订单积极性进行分类的，这仅仅是一种粗粒化的密度函数。

有趣的是 $f(x)$ 相应的函数分布（第 4 组）在右尾部方向有不正常的分布（见图 4-4）。这些现象可以部分被解释为：当价差大的时候，股票价格变化快。当价格增长时，买方愿意马上执行订单，所以他们在最有积极性的价格 $\pi_{\max}$ 时买入，而卖单在最小积极性价格 $\pi_{\min}$ 的时候卖出。

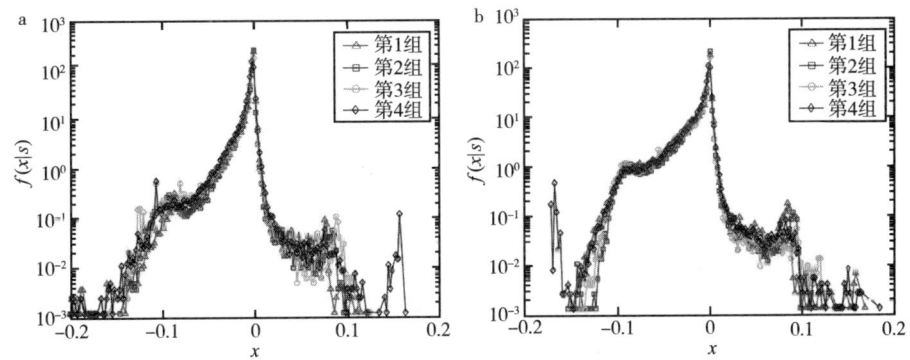

图 4-4 买卖价差的条件函数分布

（2）波动性的条件分布。

波动性是衡量金融市场的资产风险。这里定义波动为动态平均的绝对收益，即是买卖价差在 t 时刻的中间值，而 N 是收益 $r(t)$ 的数量，这里假定 $N = 50$。

$$v(t) = \frac{1}{N} \sum_{t'=t-N+1}^{t} [\pi_m(t') - \pi_m(t'-1)]/2 \tag{4-2}$$

其中 $\pi_m(t') = [\pi_a(t') + \pi_b(t')]/2$。

为了考察订单定价是否和波动有关系，这里把整个数据分为具有同样的大小和增长波动性的四个小组。对于每一组，这里同时计算了买单和卖单的订单概率分布函数 $f(x(t)/v(t-1))$。结果表明买单和卖单的概率密度函数相同的曲线处坍塌，这意味着订单价格独立于波动性。这个结果和里洛（Lillo）提出的结论一致，但跟罗纳尔多（Ranaldo）的结论不一致。

（三）主要结论与启示

本节实证研究了深市 2003 年 23 只股票的订单数据，并分别在开放式集合竞价期、冷却期和连续双向竞价期三个期间研究订单的相对价格的分布。其中个股结果具有相似性，因此可以合并分析 23 只股票。

实证发现 23 只股票中大多数股票的买卖方平均订单簿形状在远离同端最优价的位置均存在一个最大值，并且限价订单簿形状函数在右尾端呈现良好的指数形式。买方和卖方的限价订单簿形状是不对称的，最优三档上的 1 分钟平均的申报量的概率密度函数服从对数正态分布，只是在左尾的小申报量服从幂律形式；在限价订单簿固定价格档水平上的 1 分钟平均申报量呈现出长记忆特征。

三个时段的分布显示了相同的性质和特点。在这三个时间段，概率密度函数在 $x = 0$ 的时候达到最大值，这意味着多数订单以最优价格提交。分布在每个时间段买卖订单是非对称性的。另外，每个分布都是在同样 $x = 0$ 处拥有最好的价格及更多的订单在（$x < 0$）处成交。更有趣的是，所有的分布都由被 10% 的价格限制严重影响，并诱导其分布在 $x = \pm 0.1$ 浮动。这些由于诱导因素形成的相对价格分布衰变得比一般的指数分布要快。

同时，本节以流动性强的万科（000001）为样本，研究了订单相对价格分布在连续竞价期间是否独立于买卖价差和波动性，结果发现订单的价格分布是独立于买卖价差及波动性。

第二节　中国股票市场限价订单模型的实证分析①

本节运用高频数据的方法分析了 2003 年在深圳证券交易所上市的 23 只股票关于限价订单模型的概率函数。结果发现限价订单模型的平均值与买卖双方的最优价格之间具有极大值。限价订单模型的函数表达了与厚尾指数具有良好的相关性。尽管在订单簿中卖方订单比较多，买方的限价订单模型在价格等级中表现得异常活跃并且非常接近最优价格。同时，限价订单模型在买卖双方的 LOB 形状的模型中有五个高峰期的定值。一分钟平均交易值在对数函数中具有的固定极大值，除了厚尾指数之外显示正态分布，并在当日交易价格指数中显示异常的上升趋势，而且拥有长期的记忆不能被当日交易价格 LOB 形状的模型所解释。

（一）研究背景

在订单驱动的市场中，限价订单簿（LOB）就像是一个等待执行订单命令的队列，它是连续双向拍卖机制的基础。在订单簿中的订单是根据价格优先原则的顺序排列的。LOB 形状是一个动态的模型。有效的限价订单是指其未被市场接受的最优相对价格将储存在订单列表中，等到市场开始撮合的时候被储存的订单立刻自动进入市场。订单的价格水平在限价订单中是离散的。两个相邻的价格水平之间的差异的最小变动价位为 u。在中国股票市场中最小变动值为 0.01 元人民币。价格水平 Δ 在给定的任意时间 t 中可表现为：

$$\Delta = \begin{cases} (p_b - p)/u + 1 & （买方） \\ (p - p_a)/u + 1 & （卖方） \end{cases} \qquad (4-3)$$

当 p 在限价订单模型中给定的价格，而 p_b 和 p_a 是分别是给定的最优买入价和卖出价。

根据定义，$\Delta = 1$ 代表了函数中的最优价格头寸。$V_b(\Delta, t)$（或者 V_s

---

① 本节主要内容来自顾高峰、陈炜和周炜星发表的英文论文 "Empirical shape function of limit-order books in the Chinese stock market"（Gao-Feng Gu, Wei Chen, Wei-Xing Zhou, 2008, *Physica A*）。

(Δ, t))相当于 LOB 形状的模型在 t 时间的交易量。V_b(Δ, t)和 V_s(Δ, t)可以分别看做是 LOB 形状的模型中买卖双方的即时交易量。LOB 限价订单模型在研究以订单为驱动的微观市场理论中起了至关重要的作用。

限价订单簿(LOB)影响了交易者的交易策略,从而影响订单的积极性。同时订单限价模型决定了虚拟价格的作用。价格 I(ω)作用于虚拟订单市场 ω 中可表达为以下公式:

$$I(\omega) = u \times sup\left\{ n : \sum_{\Delta=1}^{n} v(\Delta, t) \leq \omega \right\} \quad (4-4)$$

现有文献发现虚拟价格的影响大于真实价格的影响,价格的大幅度波动既可能因大笔订单引起,也可能因流动性引起。当限价订单交易相对密集的时候大户交易者宁愿分割大型的订单并分别提交订单。这样做法是合理的,因为交易的价格并没有太大变化。相反,当限价订单交易相对稀疏的时候,有耐性的小投资者会提交小的订单。一个大型订单的最优交易策略也取决于 LOB 形状。

LOB 形状的模型通常是连续的。在以往最优的执行策略研究中,已经提出不少脱离现实的 LOB 形状的模型。这使得在实践中需要用更加符合现实的模型代替那些不符合现实的模型。LOB 形状的模型已经在不同的股票市场进行实证研究。鲍查德(Bouchaud)等发现,在巴黎证券交易所(2001 年 2 月)LOB 形状的个别流动股票的买卖双方是对称的,与目前最好的买卖价差之间拥有最大的距离($\Delta = 1$)。他们还发现了最优订单的分布可以通过伽玛分布拟合。波特(Potters)和鲍查德(Bouchaud)调查了纳斯达克股票市场上市 3 只股票,发现所有的 LOB 形状的函数都是买卖对称并且在冷却期之前只有一个股票达到最大值。其他市场也发现了类似的实证结果。

本节将通过在深圳交易所(深交所)上市交易的 23 只流动股票详细研究 LOB 形状的模型。首先建立 LOB 形状的模型,然后探讨其概率分布以及在前三个时间段内时间与交易量的依存关系。

(二)研究设计

中国股市是一个纯粹的以订单为驱动的市场,订单买卖双方相匹配从而产生交易。实证数据包含 2003 年在深圳证券交易所上市的 23 只股票的高频数据。结果发现,对于不同的股票,结果是相似的。因此,这里只报告流动性强的股票的实证结果。这里集中研究在双向连续竞价期的 LOB 形状的模型。

本节实证基于深圳发展银行（000001）的订单流数据，信息包括订单大小、价格、时间、最优买入价、最优卖出价、交易量和订单积极性。数据集总记录 3925832 条。根据交易规则重建 LOB 形状的模型用以研究 LOB 形状的模型的统计概率。

在双向连续竞价期间，订单提交将增加订单簿厚度，撤单则降低了订单簿的厚度。三种类型的事件（订单交易、撤单和对冲）都可以改变 LOB 形状。这里遵循的是事件发生的时间，而不是时钟时间。这种情况下，当事件发生，事件的时间 t 会提前 1。在任意时间 t，可以得到即时的 LOB 形状。买方（卖方）的均值模型表达公式如下：

$$V_{b,s}(\Delta) = \frac{1}{M} \sum_{t=1}^{M} V_{b,s}(\Delta,t) \qquad (4-5)$$

M 是 2003 年所有被分析的股票的事件总数。

由图 4 – 5 可见，交易者倾向于将他们的订单交易放置于最优价格。另外，接近相同的最优价格的订单有较高的执行概率，但是若订单不立即执行，没有耐心的投资者有可能会撤单。因此，还不清楚这种不明确的相反作用对 LOB 函数的影响。图 4 – 5 显示买卖双方的 LOB 函数。在图 4 – 5 左图可以发现 LOB 函数形状在 $\Delta = 1$ 的时候离最优价格有最大的距离，并且大体上买卖双方的最大值是呈现同方向的，这与鲍查德（Bouchaudet）等的结果是一致的。买卖双方的 LOB 函数是不对称的。函数 $V(\Delta)$ 在 $\Delta \leq \Delta_{max}$ 呈现上升趋势，相反呈现下降趋势，即当买方的 $\Delta_{max} - 4$ 和卖方的 $\Delta_{may} = 11$ 时。只有两只股票在 23 只股票中（000088 和 000539）没有明确的最大值。此外，卖单总量比的买单的总量，这让 Δ 的最大值尤为明显。这种现象也可从其他 23 只股票中观察到，除了两只股票（000088 和 000089）具有可比的买入量和卖出量，这与中国股市在 2003 年，即在 2001～2005 年期间的一个长期熊市中的事实一致，这个时期的市场参与者倾向于出售其股份。

在 LOB 函数实证中还出现了两个特征。虽然有更多的限价卖单在订单簿中，但对 LOB 函数的买方仍有比卖方小的 Δ。如图 4 – 5 左图所示。在 2003 年，只有三个可见等级的信息显示给交易者。可以发现，其中 10 只股票有较厚的卖方限价簿，10 只有较厚的买方订单簿，其他 3 个有比较厚的订单簿。这个观察很有趣，因为交易商面对一个非常强大的虚幻的信号，即有更多的买盘，但市场看跌。另外一个很有趣的特征是，定期峰值的存在表达为 $\Delta = 5n + 1$，其中 $n = 0, 1, 2, \cdots$，这是通过 23 只股票观察出来的。导致这一普遍现象的根本机制仍然不清楚，这可能会涉及某些大交易者或者人们会采取像 5、10 或它们的倍数般大的一些不合理的数字偏好的交易策略。

在图 4-5 右图显示了线性对数函数坐标。可以从图中看见买卖双方的交易量呈指数下降，即如

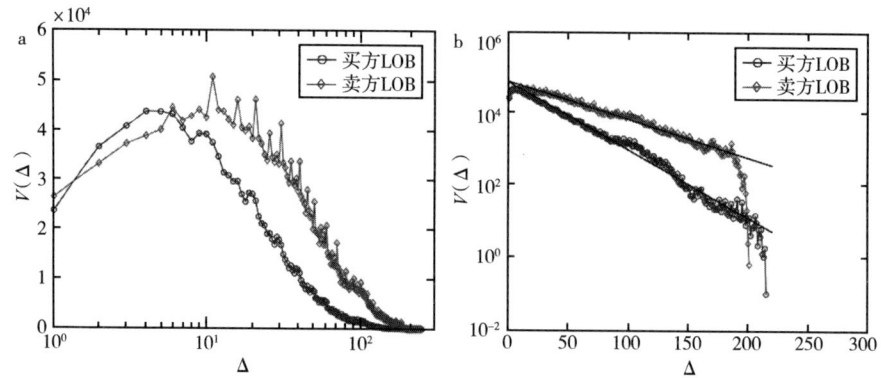

注：LOB 形状 $V(\Delta)$ 是一个关于距离 Δ 的函数，分别是订单簿中买方和卖方的对数线性坐标 (a) 和 (b)。

图 4-5 订单簿形状图

$$V_{b,s}(\Delta) \sim e^{-\beta_{b,s}\Delta}. \qquad (4-6)$$

使用最小二乘拟合的方法，可以得到买方 $\beta_b = 0.044 \pm 0.0004$ 的 LOB 函数和卖方 $\beta_b = 0.025 \pm 0.0002$ 的 LOB 函数。对于买方的 LOB 函数下降速度比卖方的快，这意味着相比卖方，买方订单更具有积极性。买入投资者更注重执行的可能性，而卖家则更看重成交价格。此外，其他大多数股票有类似形状的指数下降。与此相反，鲍查德（Bouchaud）等发现，在巴黎证券交易所挂牌的 3 只流动股票的 LOB 函数其厚尾指数符合幂律分布。此外，$V_{b,s}(\Delta)$ 突然骤降到在尾部结束，这是由 10% 的每日价格波动限制所造成的，相比于在前一交易日的收盘价。针对每一只股票，可以发现 $\beta_b > \beta_s$。β_b 和 β_s 分别是意味着 0.052 ± 0.023 和 0.031 ± 0.012。

这里研究了事件的时间平均量在 LOB 函数的每个刻度的水平上。然而，交易量可能有很大的波动，大大偏离平均值。有必要分析每个刻度水平交易量

的波动。

这里运用标准差函数 σ 来描述买卖双方的相关距离 Δ：

$$\sigma_{b,s}(\Delta) = \sqrt{[V_{b,s}(\Delta)^2] - [V_{b,s}(\Delta)]^2} \qquad (4-7)$$

对于双方的 LOB 函数标准偏差列于图 4-6。可以发现函数 $\sigma(\Delta)$ 非常接近买卖双方的 LOB 函数。标准差函数 $\sigma(\Delta)$ 随着 Δ 的变化开始上升了一点后呈指数下降。在比较买卖双方的 LOB 函数，卖方的 LOB 函数随着价格的较大波动有较厚的订单簿。

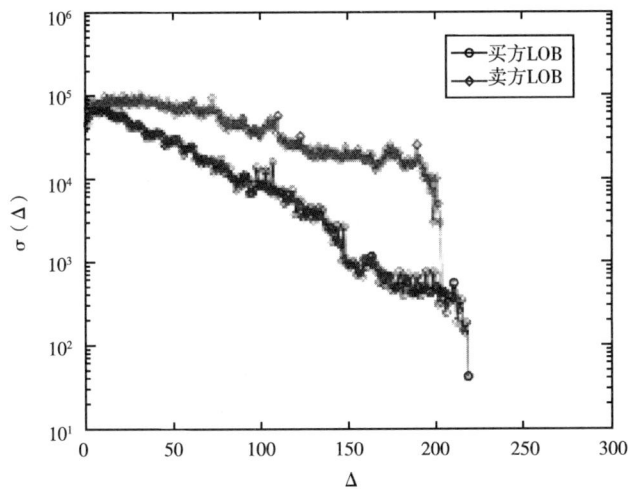

注：图中所描绘的标准偏差函数 $\sigma(\Delta)$ 作为描述买卖双方 LOB 函数的相关性距离。

图 4-6 LOB 函数标准偏差

（三）交易量在独立股票交易水平的统计

1. 概率分布。

这里分析了在上一节的平均函数的形状。这里着眼于在一个平均交易水平在固定的时间 δ_t 区间内的独立交易量：

$$v_{b,s}(\Delta,t) = \frac{1}{N}\sum_{i=1}^{N} V_{b,s}(\Delta,t_i) \qquad (4-8)$$

其中 t_i 是在 N 事件发生在区间 $(t-\delta t, t]$ 的时间瞬间，N 为 t 和 δt 的函数。这里用 $\delta t = 1$ 来计算平均每分钟在每一价格水平的交易量变化。

图 4-7 显示在 $\Delta = 1$，2 和 3 的密度函数（PDFs）。

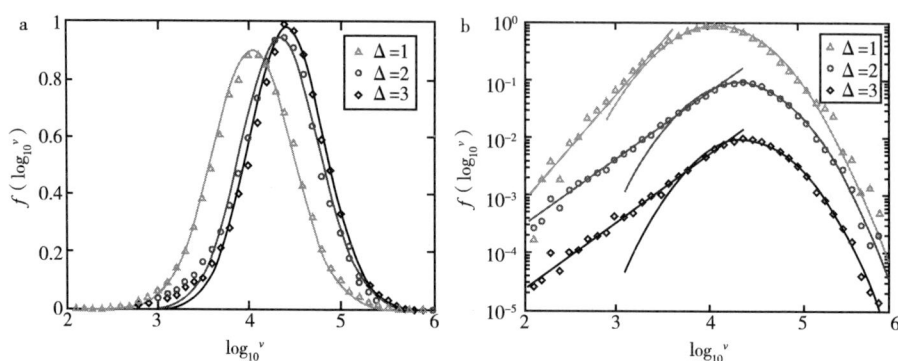

注：概率密度函数 $f(\ln v)$ 表达了在最初的三个峰值平均每一分钟内的交易量的对数函数关于买方 LOB 函数的线性表达（a）和（b）。对应的买方曲线 $\Delta = 2$ 和 $\Delta = 3$ 在（b）图被清晰表达为垂直向下的曲线。关于卖方的曲线也是相同的。

图 4-7　交易量概率密度函数

在图 4-7 左图中，$\ln v$ 可表达为：

$$f(\ln v) = \frac{1}{\sqrt{2\pi}\sigma} \exp\left[-\frac{(\ln v - \mu)^2}{2\pi\sigma^2}\right] \quad (4-9)$$

即是，v 是对数 PDF 的分布表达为

$$p(v) = f(\ln v)/v \quad (4-10)$$

伴随着 Δ 相关距离的增加，$\ln v$ 和 μ 也随之增加。这里还可以看出 μ 在 Δ 达到最大的时候呈现向下的趋势。更普遍的是，一分钟的交易量在价格水平对于不同股票数量基本上是呈对数正态分布。国外学者对纳斯达克股票的实证也表明其符合对数正态分布。

当 v 很小的时候，经验曲线偏离对数正态分布 $f(\ln v)$。图 4-7 右图描绘了概率密度函数 $f(\ln v)$ 关于 $\ln v$ 线性相关。很明显，小的交易量 v 偏离对数正态分布和幂律行为

$$f(\ln v) \sim v^{\beta\Delta} \text{ 或 } p(v) \sim v^{\beta\Delta-1} \quad (4-11)$$

运用最小二乘拟合法，可以得到当 $\Delta = 1$ 时，$\beta_1 = 4.19 \pm 0.09(2.2 <$

log10v < 3.5），当 Δ = 2 时，β_2 = 2.61 ± 0.03(2.1 < log10v < 4.2) 和当 Δ = 3 时，β_3 = 2.67 ± 0.05(2.1 < log10v < 4.2)。右边的图形展现了 23 只股票中 β_Δ 的估值。对于每一只股票，存在大概的规律：β_1 > β_2 ≈ β_3。β_1，β_2 和 β_3 分别相当于 2.29 ± 0.80，2.04 ± 0.47 和 2.07 ± 0.50。

这与巴黎证券交易所股票根据伽马分布决定最优交易量有所不同。本节的结果还显示，伽玛分布可以很好地拟合了数据，但对比对数正态模型在两个尾部存在较大差异。因此，尽管没有任何一个模型可以解释厚尾幂律行为，对数正态模型比伽马分布模型好。

2. 日内模式。

众所周知的是，许多金融交易表现出日内模式。但是这种现象的研究并没有深入到个股交易量水平，正因如此，本节主要考察日内模式。图 4-8 展示了每一分钟平均交易量 v 分别在 Δ = 1，Δ = 2 和 Δ = 3 时候的密度谱估计，可以看出在频率为 1，2，$\cdots$，t^{-1} 的时候有峰值，这意味着一个交易天的周期。相比在接近零频率的时候所拥有的最高峰对应 V 的大小，这是微不足道的。图 4-8 右图描述了相对应的日内模式。这里发现 $A(t)$ 有整体的上升趋势。这种 v 形状在日内模式中似乎非常不寻常，与经常在绝对收益、交易量和买卖价差中观察到的 U 形或者 L 形不同。

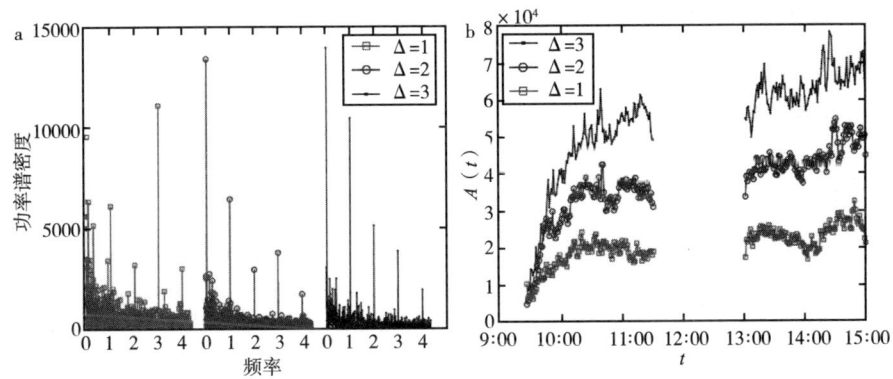

注：检测在即日模型中每一分钟的平均交易量。a 展示每分钟平均交易量 v 分别在 Δ = 1，Δ = 2 和 Δ = 3 时候的密度谱估计。该单位是每天一次的频率。b 日内模式下的每分钟平均交易量。

图 4-8 日模型交易量

3. 长期记忆。

在时间序列时空相关性可以由自相关函数 $C(\ell)$ 定量评估,它描述了两点之间的时间相关性 lag ℓ。许多自相关的函数呈现指数衰减的趋势($C(\ell) \sim e^{-\ell/\ell_0}$,当 $\ell \to \infty$),意味着这些过程表现出短期的记忆以及一个特定的时间表 ℓ_0。另一方面,当自相关函数不可定量,例如,$C(\ell)$ 表达为幂律行为 $C(\ell) \sim \ell^{-\gamma}$,这个过程展现出没有任何特定时间表的长期记忆,即过去的时间价值在以后具有预测未来潜在价值的意义。

时序的相关性可以等价表现为赫斯特(Hurst)指数 H,而自相关指数 γ(假设 $C(\ell) \sim \ell^{-\gamma}$)与赫斯特指数 H 的关系可以表现为 $\gamma = 2 - 2H$。趋势波动分析(DFA)是估计赫斯特指数的一种流行方法。本节列示了 DFA 在日内模式下和非日内模式下的两种每分钟平均交易量的买方 LOB 函数。趋势波动函数 $F(\ell)$ 表现为图 4-9。赫斯特指数在第一种在日内模式下每分钟平均交易量中表现为:当 $\Delta = 1$ 时,$H_1 = 0.76 \pm 0.01$,当 $\Delta = 2$ 时,$H_2 = 0.83 \pm 0.01$ 和 $\Delta = 3$ 时,$H_3 = 0.81 \pm 0.01$;而第二种非日内模式下每分钟平均交易量中表现为:当 $\Delta = 1$ 时,$H_1 = 0.78 \pm 0.01$,当 $\Delta = 2$ 时,$H_2 = 0.84 \pm 0.01$ 和 $\Delta = 3$ 时,$H_3 = 0.82 \pm 0.01$。可以发现日内模式下长期记忆拥有很小的影响。而在赫斯特指数 H 如果大于 0.5,就可以认为每分钟平均交易量显示出长记忆性。同样的结果可见于卖方的 LOB 函数以及其他股票中。这就很好地说明了订单信号是拥有长记忆性的。

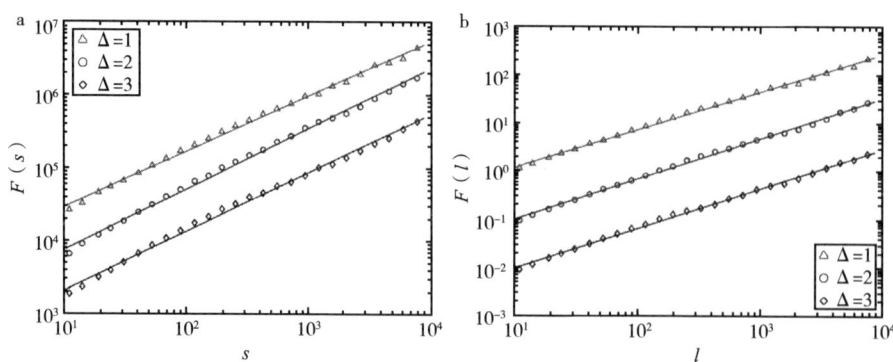

注:买方订单簿内非波动函数 $F(l)$ 的平均交易量 a 以及在非日内模式下在最初 3 个刻度的 Δ 值的平均交易量 b。结果显示相应的 $\Delta = 2$ 和 $\Delta = 3$ 是清晰地表现为直线向下的趋势。

图 4-9 长期记忆性检验

(四) 结论与启示

本节研究了深市 23 只股票 2003 年全年的限价订单簿 LOB 函数形状。对大多数股票而言，平均交易量 LOB 形状的模型与最优交易量具有较大的距离并在 LOB 函数内呈现出指数下降的趋势。LOB 形状的模型在买卖双方之间是对称的，尽管卖方的 LOB 形状的较平缓。每分钟平均交易量的概率密度函数表现为对数函数和在交易量较少时表现为厚尾幂律指数分布。运用趋势波动函数分析，可以确认 LOB 函数每分钟平均交易量的时刻内拥有长记忆性，可以解释为日内模式。比较巴黎交易所的股票，可以发现 LOB 形状的模型在定性上相似，但是定量上不同。

研究仍有不少问题出现有待解决：为什么 LOB 函数的买方在接近最优价格的时候会异常厚以及为什么大的交易量的相关表达为 $\Delta = 5n + 1$。对于 LOB 函数的实证有助于对现实的交易策略进行进一步的研究。

| 第五章 |

投资者订单提交策略的实证研究

所谓订单提交策略，也称下单策略，是指投资者下达订单买卖股票的策略。投资者交易时最直接面临的就是如何制定订单提交策略以最小的执行成本最大化订单成交的可能性。拥有优势信息的知情投资者会制定订单提交策略影响均衡价格而不致泄露私有信息，导致一般投资者在与其交易时会招致损失；一般投资者则可以根据市场交易信息与状况来推断知情投资者的私有信息，选择合适的订单策略来保障自身的投资收益。因此，选择合理的订单提交策略对投资者十分重要，在偏好短线投资的散户占有极高的比例的中国股票市场，订单提交策略对一般投资者影响更大，其直接影响投资收益。

投资者下单交易的第一个步骤是首先明确投资的意图和原则。对于价值驱动型的投资下单时最关注成交的价格。对于信息驱动型下单时则最关心成交速度，保证在信息扩散前，完成下单交易。投资者下单的第二个重要步骤是根据行情等信息对市场进行判断，包括：个股的盘面信息（盘口）、个股买卖压的变化、当日和近期大盘走势及未来的判断、个股近期走势和基本信息及未来判断。盘面信息包括挂单档位的价格数量分布、买卖力量的对比（委比）、成交情况（内外盘）等。投资者下单的第三个步骤是根据判断进行挂单操作，实践过程中，投资者常用的手法包括：同一价位挂大额单、间隔或者连续档位挂单、吃单与挂单相结合、挂在特殊价位或者挂特殊的数量以起到信号刺激作用；不挂单静观变化等。此外，撤单也是一种重要的下单策略。根据盘面变化进行撤单可以在一定程度上获得更好的价格或者使走势向有利自己的方向相对变化。实际当中有交易员经常采取撤单与挂单相结合的交易策略，以实现试盘、逼迫交易等目的。

对机构投资者而言，一般有一个负责下单买卖股票的部门，由若干交易员组成。机构下单交易最根本最重要的是坚持交易纪律并顺势而为，即根据机构（一般是投资委员会）指令和原则下单买卖，只在允许范围内发挥交易员个人的判断。在交易员运用自身的判断下单交易时，一定要顺势而为，不能过度影响价格自身走势。交易策略或手法的有效性，只能在投资机构自身的力量可以充分影响市场或者在市场本身出现变化时才能得到较大的保证。整体来说，在纪律与判断、原则与灵活，以及不断的观察调整之间努力找到最好的平衡点，才能有效实施下单完成买卖。

根据订单的委托价格不同，投资者可以选择提交积极的或保守的订单完成交易，其选取策略的关键在于：（1）成交可能性；（2）成交价格；（3）逆向选择成本。订单积极性代表了投资者成交意愿，积极订单的成交可能性大于保守的订单，其逆向选择成本也较低，但是保守的订单可以比积极的订单获得更优的价格，从而降低交易成本。

市场的特性和交易信息会影响到市价订单与限价订单的价值，进而影响流动性提供者、知情投资者与不知情散户之间的交易行为与下单策略，通过影响市场上订单的组成最终影响价格发现过程和市场质量。因此，研究本章的议题可以理解市场的价格形成过程。此外，订单选择影响订单执行质量，其对投资者与监管者都非常重要。在我国市场里散户在投资者中占有极高的比例并且其偏好短期投资，也易受到市场即时状况和预期心理的影响，因此研究订单提交策略尤其具有实际意义。本章的目的在于通过对中国证券市场订单级数据的分析与实证，研究影响我国投资者选择订单的关键驱动因素和背后的动机，希望相关结论可以提供给投资者作为投资操作的参考指标，证券监管当局也可以有针对性制定委托方式创新、交易信息披露和交易监管方面的政策，通过制定合理的交易制度能够最大程度保证中小投资者的利益。

本章采用2003年11~12月深圳成份指数成份股相关数据实证分析交易信息与订单簿透明度如何影响中国股票市场投资者的订单提交策略，结果发现：（1）股票价格波动越大时，投资者为了获得更优的成交价格来弥补逆向选择风险，倾向于提交保守的买单，而为了规避股票无法卖出风险而提交更积极的卖单；（2）订单簿和行情信息等交易信息影响投资者订单提交策略，包括买卖价差、买卖深度、成交量和股票涨（跌）；（3）订单提交呈现日内的"U"形模式；（4）订单属性影响订单的积极性：大型订单的积极性高于小型订单；

机构投资者倾向于比个人投资者提交更积极的订单。

第一节 文献回顾

投资者订单提交策略的理论研究的重点就在于确定投资者会以何种策略进行交易，根据投资者是否拥有私有信息，文献主要分为两类：一类文献假设投资者不掌握私有信息，例如帕洛尔（Parlour，1998）构建了一个买卖价差动态模型证明了投资者选择提交市价订单还是限价订单取决于限价订单簿的状态和投资者的等候成本。傅科（Foucault，1999）则构建了一个动态博弈模型描述投资者订单提交策略，结果发现价格波动性是决定投资者订单选择的最重要因素。

另一类文献假设部分投资者拥有私有信息，在此情况下，信息的质与量（精度和数量）、信息不对称程度（知情投资者所占比例）与电子公告牌行情信息（以价差、波动性等衡量）都会影响投资者订单策略的选择。假设市场上有知情和不知情两类投资者，哈里斯（Harris，1997）建立模型证明了当价格波动越大、私有信息价值越高、拥有私有信息的时间越短时，投资者会越倾向于下市价订单；而当投资者面对买卖价差越大时，越倾向下限价订单。卡尼尔和刘（Kaniel & Liu，2001）发现知情投资者下单策略会受到两个因素的影响：（1）独自拥有私有信息的时间长短；（2）资产价格偏离的程度。

实证方面，影响投资者订单提交策略的重要因素有两类：一类是描述股票即时行情信息的，例如买卖价差、波动性等，还有一类是代表订单自身属性的，例如订单的提交者类型、订单规模等。文献对有些因素的影响效果的结论比较一致，但对一些因素还存在争议。

本书认为，投资者在面临新信息带来的逆向选择风险时，可以采用两种策略进行交易，一是提交积极的订单减少等待时间以避免逆向选择风险，二是提交保守订单通过更好的成交价格弥补逆向选择带来的可能损失。因此，在面临波动性时，投资者可能提交积极或者保守的订单，最终选择要取决于市场即时状况和投资者自身心理与偏好。

本章的创新有两点：（1）系统研究中国股票市场投资者订单提交行为，该领域是微观金融研究领域前沿，而目前限于数据原因国内相关成果还较少；

（2）计量方法上，本章采用次序 Probit 模型进行建模，突破传统的计量方法无法用于高频数据建模的局限。

第二节　研究假说

根据限价订单的委托价格所处的位置和委托数量，本章将限价订单根据积极性（Order Aggressiveness）分为不同的类型，价格优于即时报价的限价订单是最积极的订单，价格劣于当时报价越多的订单为越保守的订单，优于或等于即时报价的限价订单相当于市价订单，因此，实际上用于描述同时存在限价订单和市价订单的混合市场的理论同样适用于纯粹限价订单驱动的市场。实际上，订单积极性代表了投资者成交意愿，保守的限价订单提供流动性，积极的限价订单则相当于市价订单，其在市场流动性充足的时候消耗流动性，而在市场流动性差的时候又竞争性的提供流动性。

1. 订单的分类。

根据上面的原则，本章将投资者提交的订单按其价格和规模划分积极性，其中买单或者卖单各分为 11 种（见图 5-1）。以买单为例，分为：（1）优于卖一价的不足额大买单；（2）优于卖一价的不足额小买单；（3）优于卖一的全额成交大买单；（4）优于卖一价的全额成交小买单；（5）高于买一，低于卖一的大买单；（6）高于买一，低于卖一的小买单；（7）等于买一的大买单；（8）等于买一的小买单，（9）低于买一的大买单；（10）低于买一的小买单；（11）撤单。研究卖出订单行为时，采用同样方法划分为 11 种订单类型。

2. 研究假说。

根据前文的文献回顾和中国股票市场的特点，本章提出以下待检验的假说：

假说一，价差假说：价差越窄（宽），投资者下单的策略越积极（保守）。

订单驱动市场依靠限价订单提供流动性，当价差窄时，提供流动性的价格低，投资者不愿意提供流动性，倾向于提交消耗流动性的积极的订单。

假说二，深度假说：反向的深度越浅（深），投资者下单策略越积极（保守）。

订单执行的可能性依赖于订单簿的厚度和投资者关于未来订单到达的信

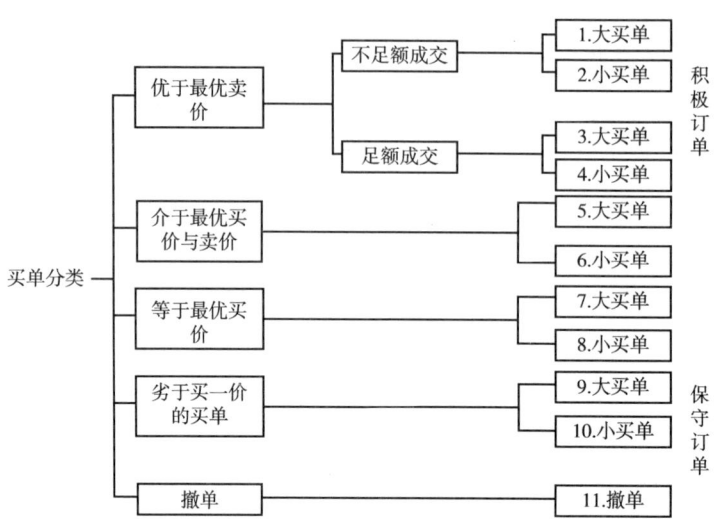

图 5-1　订单类型示意

念。因此，当反向深度较浅时，投资者因为反向队列中等待的订单太少，为及早成交倾向于提交更积极的订单。

假说三，流动性假说：下单之前的流动性越弱，投资者倾向于提交越积极的买（卖）单。

当投资者下单时，股票流动性越强，保守订单被执行的可能性越大，由于保守的订单可以获得更优的成交价格而节省交易成本，因此投资者会倾向于提交较保守的订单来完成交易。因此，本报告提出流动性假说。

假说四，自身收益率假说：下单之前的正收益将增加买单积极性，负收益将增加卖单积极性。

短线的技术投资者常常通过对股票过去信息来预测未来的价格运动（Lo, Mamaysky & Zhang, 2002）。因此，投资者下单表现出短时间的惯性，即当价格上升，倾向于提交积极的买单买入股票，而价格下跌时，提交积极的卖单卖出股票。

假说五，波动性假说：波动性越小（大），投资者的下单策略越积极（保守）。

当波动是由噪音引起时，波动性越大，限价订单更有可能被执行，投资者愿意选择较为保守的限价订单。另外，投资者可以通过提交较保守的限价订单从提高的买卖价差中弥补逆向选择风险带来的损失，新信息驱动的波动性增加仍然会导致保守订单的增加。

假说六，订单规模假说：订单规模越小（大），下单策略越保守（积极）。

大型订单的提交者往往是知情投资者，他们掌握更多和更精确的信息，可以更加有把握地提交买卖订单，由于其等待成本高，因此对成交的渴求要高于其他投资者。因此，他们会倾向于提交积极订单以保证成交。

假说七，成交量假说：下单之前的成交量越多（少），投资者下单越积极（保守）。

当股票短期内成交量较多（交易活跃）的时候，可能存在逆向选择问题，因此投资者倾向于提交积极的订单减少成交量携带的信息的逆向选择风险。

假说八，日内模式假说：投资者提交订单策略呈现日内的"U"形模式，即每天连续竞价开始和结束时提交更积极的限价订单。

交易活动一般在交易日的开始和结束时段交易活动比较活跃（钟和范内斯等，1999）。根据经济理论的"Deadline Effect"认为协议更加可能在最后时刻达到，这意味着收盘阶段投资者会提交更加积极的订单（Harris，1997）。其次，成交量和收益率等会呈现日内"U"形现象的原因是交割制度会造成收盘时成交量会放大，因为流动性投资者（Discretionary Liquidity Traders）往往可能在收盘前夕提交订单（Admati & Pfleiderer，1988）。

假说九，投资者类型假说：机构投资者比个人投资者更倾向于提交积极的订单。

机构投资者比个人投资者更加专业，掌握有关资产价格的更加精确信息，无法成交带来的损失远远高于提交保守的订单节省的交易成本，所以其倾向于提交成交几率高的积极订单。

假说十，信息透明度假说：信息透明度越高，投资者提交的订单越积极。

信息不对称程度降低或处于同等信息优势的投资者数量增加，也会导致知情投资者提交积极的订单。信息透明度越高，对证券的合理价格掌握更加精确，投资者做出投资决策以后将倾向于提交成交几率高的积极订单，这样可以降低无法成交带来的损失。

假说十一，订单不平衡假说：订单不平衡程度越高，投资者下单策略越积极，卖单则相反。

订单不平衡程度越高（买单多于卖单），投资者会提交更加积极的买单，即下单策略更加积极，卖单则相反。

第三节 描述性统计

本研究选取中国深圳证券交易所深圳成份指数成份股（43 只[①]）在 2003 年 11 月 1 日~12 月 31 日所有交易日连续竞价时段（每日上午 9:30~11:30，下午 13:00~15:00）的订单数据为研究样本。数据必须经过清洗剔除无效数据之后按照交易规则还原历史行情。

（一）描述性统计

本书采用了超高频的数据，所有样本股的订单记录共计 8897516 条。从图 5-2 可以看到，最多的是低（高）于最优买（卖）价的小型买（卖）单，共计 978041 张（10.99%）；接着是介于最优买价和最优卖价之间的订单，共计 950977 张（10.68%）；最少的是撤单，共计 718276 张（8.07%）。其中，相当于市价订单的限价订单[②]共计 3199112 张，占全部 8897516 张订单的 35.95%。从图 5-3 可以看到，订单分布呈现日内的"U"形模式，即连续竞价开始和结束时段提交的订单多于其他时段。此外，由于中午休盘期间积累了许多信息，下午开盘阶段投资者提交的订单也较多。

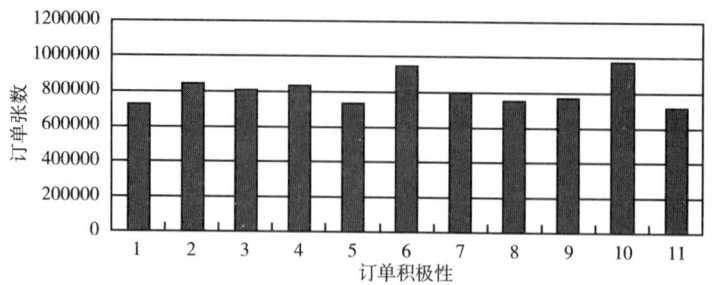

注：1 为最积极订单，11 为最保守订单。

图 5-2 按积极分类的订单分布

[①] 2003 年曾经进入深成份指数的前后共 43 只股票都进入样本。
[②] 前 4 种类型的限价订单实际上相当于市价订单。

图 5-3 是按照 11 类订单形式和全天 24 个时区（按每 10 分钟一个交易时段将连续竞价期间分为 24 个交易时段）的分类进行绘制得到的，可以发现各种订单形式的分布和日内模式与上面的描述一致。

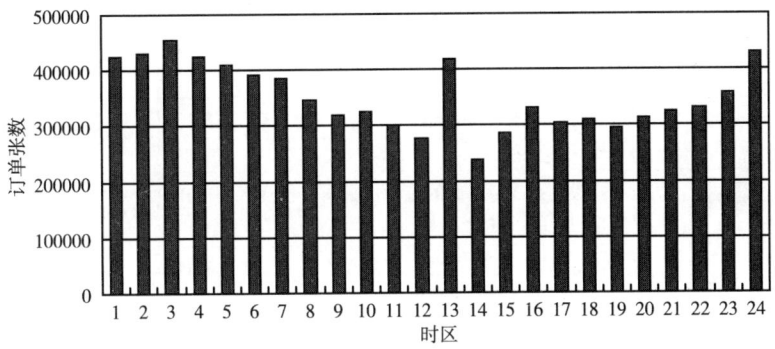

图 5-3　全天各交易时段订单累计张数

（二）实证模型

由于积极性不同的订单之间具有有序性，积极性越高的订单投资者成交意愿越强。普通的多元 Probit 或者 Logit 模型不能反映因变量的有序性，因此本章采用次序 Probit（Ordered Probit）模型研究投资者的订单提交策略，可以表示为：

$$y_t^{*d} = \alpha_1 Qspread + \alpha_{21} Depthbid + \alpha_{22} Depthask + \alpha_3 Liquidity$$
$$+ \alpha_4 Return + \alpha_5 Volatility + \alpha_6 OSize + \alpha_7 Vol5 + \alpha_{81} Time$$
$$+ \alpha_{82} STime + \alpha_9 IType + \alpha_{10} Imbalance + \alpha_{11} TDummy + \varepsilon_t^d \quad (5-1)$$

$$y_{n,t}^d = \begin{cases} 1, if -\infty < y_t^{*d} \leq \gamma_1^d \\ m, if \gamma_{m-1}^d < y_t^{*d} \leq \gamma_m^d, m = 2,3,4,5,6,7,8,9,10 \\ 11, if \gamma_{10}^d < y_t^{*d} \leq \infty \end{cases} \quad (5-2)$$

y_t^{*d} 代表 t 时刻订单积极程度（Order Aggressiveness）的连续变量，$y_{n,t}^d$ 代表订单类型的离散因变量，$d = Buy, Sell$ 代表订单的方向，式（5-1）等号右边变量为检验不同假说的代理变量，α_i^d 为相应的系数，γ_m^d 为区分状态空间的门限（Thresholds）。检验假说是否成立的代理变量的详细说明见表 5-1、表 5-2。

表 5-1　　　　　　　　　　模型检验假说与结论汇总

指标	检验假说	假说内容	代理变量	检验结果
1	假说一	价差假说：价差越窄（宽），投资者下单的策略越积极（保守）	买卖价差	√
2	假说二	深度假说：反向的深度越浅（深），投资者下单策略越积极（保守）	买入方深度	√
3	假说二	深度假说：同向的深度越深（浅），投资者下单策略越积极（保守）	卖出方深度	×
4	假说三	流动性假说：下单之前的流动性越弱，投资者倾向于提交越积极的买（卖）单	流动性指标	√
5	假说四	自身收益率假说：下单之前的正收益将增加买单积极性，负收益将增加卖单积极性	自身之前收益	√
6	假说五	波动性假说：波动性越小（大），投资者的下单策略越积极（保守）	波动性	√
7	假说六	订单规模假说：订单规模越小（大），下单策略越保守（积极）	订单规模	√
8	假说七	成交量假说：下单之前的成交量越多（少），投资者下单越积极（保守）	前五分钟的交易量	√
9	假说八	日内模式假说：投资者提交订单策略呈现日内的"U"形模式	日内模式变量	√
10	假说九	投资者类型假说：机构投资者比个人投资者更倾向于提交积极的订单	投资者类型	√
11	假说十	信息透明度假说：信息透明度越高，投资者提交的订单越积极	信息透明度哑变量	×
12	假说十一	订单不平衡假说：订单不平衡程度越高，投资者下单策略越积极，卖单则相反	订单不平衡	×

表 5-2　　　　　　　　　　模型采用的指标说明

指标	检验的假说	检验用指标	方法
1	假说一	买卖价差	Qspread	买卖价差 = 2×（卖一价 - 买一价）/（卖一价 + 买一价）×100%
2	假说二	买入方深度	DepthBid	买量 =（买一量 + 买二量 + 买三量）/流通盘 ×10000
3	假说二	卖出方深度	DepthAsk	卖量 =（卖一量 + 卖二量 + 卖三量）/流通盘 ×10000

续表

指标	检验的假说	检验用指标		方　法
4	假说三	流动性指标	Liquidity	订单下达前五分钟交易金额（量×价）除以价格变动率
5	假说四	自身之前收益	Return	订单下达前五分钟的收益率
6	假说五	波动性	Volatility	订单下达前五分钟价格的波动性
7	假说六	订单规模	Vol5	以订单代表的股数衡量
8	假说七	前五分钟的交易量	Time	以订单下达前五分钟的累计成交量衡量
9	假说八	日内模式变量	STime	以订单提交时点距离开盘时间的秒数衡量
10		日内模式变量	OSize	以订单提交时点距离 00:00 的秒数的平方除以 10000 衡量
11	假说九	投资者类型	IType	将机构投资者提交的订单标为 1，个人投资者为 0
12	假说十	信息透明度哑变量	TDummy	五档信息披露制度前（2003 年 12 月 28 日）为 0，之后为 1
13	假说十一	订单不平衡	Imbalance	2×（卖方深度－买方深度）/（卖方深度＋买方深度）×100%

第四节　实证结果与分析

首先说明的是，样本期内市场走势和政策事件不会对研究结果产生重大影响：(1) 深圳成份指数从 11 月 3 日的 3237 点平稳升至 12 月 31 日的 3478 点，43 只样本股走势也基本平稳，因此不会对订单提交策略产生重大的影响；(2) 样本期内，股市的重大事件包括"证券投资基金法通过"、"发审委制度实施重大改革"等，可以认为除交易机制的重大调整（"沪深股市调整买卖盘揭示范围"）外[①]，其他事件不会对研究结论产生重大影响。表 5-3 列示了 43 只样本股模型的估计结果的统计。

---

① 该变量已经作为检验信息透明度假说的哑变量加入模型。

表 5-3　　43 只样本股票模型估计结果的汇总表

模型 A　卖出订单模型

模型检验变量	估计系数大于零模型个数	估计系数小于零模型个数	估计系数大于零占百分比	估计系数小于零占百分比	估计系数显著大于零模型个数	估计系数显著小于零模型个数	估计系数显著大于零占百分比	估计系数显著小于零占百分比	估计系数显著的模型个数	估计系数不显著的模型个数	估计显著占全部样本百分比
相对买卖价差	24	19	55.81	44.19	19	15	44.19	34.88	34	9	79.07
买入深度对数	13	30	30.23	69.77	8	13	18.60	30.23	21	22	48.84
卖出深度对数	2	41	4.65	95.35	0	30	0.00	69.77	30	13	69.77
流动性指标	41	2	95.35	4.65	26	0	60.47	0.00	26	17	60.47
收益率	43	0	100.00	0.00	42	0	97.67	0.00	42	1	97.67
波动性	14	29	32.56	67.44	7	24	16.28	55.81	31	12	72.09
订单不平衡	26	17	60.47	39.53	5	11	11.63	25.58	16	27	37.21
订单规模	0	43	0.00	100.00	0	43	0.00	100.00	43	0	100.00
前五分钟累计成交量	29	14	67.44	32.56	22	10	51.16	23.26	32	11	74.42
距离 9:30 的秒数	12	31	27.91	72.09	6	26	13.95	60.47	32	11	74.42
个人或机构	0	43	0.00	100.00	0	41	0.00	97.62	41	2	95.35
距离 00:00 的秒数平方	30	13	69.77	30.23	25	7	58.14	16.28	32	11	74.42
是否在五档披露之前	32	11	74.42	25.58	28	9	65.12	20.93	37	6	86.05

模型 B　买入订单模型

模型检验变量	估计系数大于零模型个数	估计系数小于零模型个数	估计系数大于零占百分比	估计系数小于零占百分比	估计系数显著大于零模型个数	估计系数显著小于零模型个数	估计系数显著大于零占百分比	估计系数显著小于零占百分比	估计系数显著的模型个数	估计系数不显著的模型个数	估计显著占全部样本百分比
相对买卖价差	28	15	65.12	34.88	20	12	46.51	27.91	32	11	74.42
买入深度对数	6	37	13.95	86.05	2	30	4.65	69.77	32	11	74.42
卖出深度对数	13	30	30.23	69.77	8	21	18.60	48.84	29	14	67.44
流动性指标	16	27	37.21	62.79	5	11	11.63	25.58	16	27	37.21
收益率	1	42	2.33	97.67	1	41	2.33	95.35	42	1	97.67
波动性	31	12	72.09	27.91	24	5	55.81	11.63	29	14	67.44
订单不平衡	20	23	46.51	53.49	9	16	20.93	37.21	25	18	58.14
订单规模	1	42	2.33	97.67	1	42	2.33	97.67	43	0	100.00
前五分钟累计成交量	34	9	79.07	20.93	29	6	67.44	13.95	35	8	81.40
距离 9:30 的秒数	5	38	11.63	88.37	3	33	6.98	76.74	36	7	83.72
个人或机构	2	41	4.65	95.35	1	38	2.38	90.48	39	4	90.70
距离 00:00 的秒数平方	37	6	86.05	13.95	32	3	74.42	6.98	35	8	81.40
是否在五档披露之前	18	25	41.86	58.14	16	17	37.21	39.53	33	10	76.74

1. 对价差假说的检验。

实证结果显示,对卖单(买单)而言,所有43家公司中有34家(32家)系数显著,其中19家(20家)系数显著为正,15家(12家)系数显著为负,证明了买卖价差对投资者提交订单策略有影响,但是价差对订单积极性影响的不具有明确方向。这是因为投资者面临逆向选择风险时,既可以提交保守订单弥补损失,也可以提交积极的订单缩短等待时间以减少逆向选择风险,因此根据个股及市场情况不同,价差对订单积极性影响方向可以是正面或负面。

2. 对深度假说的检验。

买方深度(卖方深度)对卖单的影响而言,所有43家公司中有21家(30家)系数显著,13家(2家)系数显著为正,30家(41家)系数显著为负;买方深度(卖方深度)对卖单的影响而言,所有43家公司中有32家(29家)系数显著,6家(13家)系数显著为正,37家(30家)系数显著为负。因此,深度假说基本被证实,深度越深,投资者提交订单越积极。原因在于深度越深的时候,由于预测有更多订单进入订单簿,为了及早成交,投资者倾向于提交越积极的订单。

3. 对流动性假说的检验。

流动性假说得到部分的支持:流动性假说对卖单成立,但对买单不成立。对卖单而言,所有43家公司中有41家的估计系数为正,且其中26家系数显著为正,证明了下买单之前的股票流动性越弱,投资者提交越积极的买单。但是流动性假说对买单不成立,所有43家公司中有16家系数显著,且系数显著的16家中只有5家系数为正,没有支持流动性假说。

该结论表明,股票流动性强的时候,保守订单被执行的可能性越大,投资者卖出的时候倾向于提交保守的订单以获得更优的成交价格;但是买入时投资者可能更加关注成交几率,流动性强弱没有对其订单提交策略产生显著影响。

4. 对自身收益率假说的检验。

自身收益率假说得到强烈的支持。下单之前五分钟的收益率越高,投资者提交越积极的买单(系数显著为正的公司占97.67%),而提交越消极的卖单(系数显著为负的公司占100%)。其原因是投资者交易行为的非理性特征和正反馈交易使订单提交体现出短期的惯性特征,价格上升,投资者提交更积极的买单;价格下跌,则提交更积极的卖单。

5. 对波动性假说的检验。

对卖单而言，波动性越大，投资者提交的订单越积极，所有43家公司中有31家系数显著，其中24家系数显著为负（占全部公司的55.81%），只有7家系数显著为正（只占全部公司的16.28%），说明当波动性增强的时候，投资者倾向于提交积极的订单。对买单而言，波动性的影响正好相反，波动性越大，投资者提交的订单越保守，所有43家公司中有29家系数显著，其中24家系数显著为正（占全部公司的55.81%），只有5家系数显著为负（只占全部公司的11.63%），说明整体而言，当波动性增强的时候，投资者倾向于提交保守的订单。

因此，价格波动对投资者订单提交策略的影响是不对称的：价格波动越大，投资者提交的卖单更积极，而提交的买单则越保守。价格波动大时，提交买单的投资者由于担心在与知情投资者的交易中受损，并且波动大时保守的限价订单成交的可能性增加，因此会提交保守的限价买单，从提高的买卖价差中弥补损失，而不会影响订单的成交几率。相反地，价格波动性大时，投资者却愿意提交更积极的卖单，这可能是由于投资者更加看中订单的成交几率，为规避股票无法卖出带来的风险而提交积极的订单以求迅速完成交易。换而言之，价格波动大时，投资者买入的时候考虑的是更好的成交价格，而卖出的时候则主要考虑订单无法成交的风险和逆向选择风险。

6. 对订单规模假说的检验。

实证结果强烈支持订单规模假说。所有43家公司中，卖单和买单分别有43家公司和42家公司的模型系数都是负数，说明不论是买单还是卖单，大型订单的积极性都高于小型订单。原因是大型订单的提交者往往是拥有信息优势和较强投资技能的知情投资者（例如机构投资者），其掌握信息精度更高，提交订单的首要目标是确保迅速成交，因此倾向于提交积极的限价订单。此外，大型订单与小型订单所占比例接近，但其积极性却大于小型订单，因此大型订单在价格发现过程中起了更重要的作用。

7. 对成交量假说的检验。

实证结果支持成交量假说。就卖单（买单）而言，所有43家公司中有32家（35家）系数显著，其中29家（34家）系数为正，14家（9家）系数为负，证明股票交易越活跃（成交量越大）时，投资者倾向于提交越保守的订单。

股票交易越活跃（成交量越大）时，投资者倾向于提交越保守的订单。这表明投资者对成交量的信息比较谨慎，当股票短期内成交量较大的时候，成交量携带的信息可能存在逆向选择风险，因此投资者提交保守的订单通过扩大买卖价差弥补可能的损失。

8. 对日内模式假说的检验。

实证结果支持日内模式假说。就卖单（买单）而言，所有43家公司的时间二次项的系数中有32家（35家）系数显著，其中30家（37家）系数为正，13家（6家）系数为负。说明投资者提交订单策略呈现日内的"U"形模式，即每天连续竞价开始和结束时提交更积极的限价订单。此外，卖单（买单）模型的时间一次项的系数中有32家（36家）系数显著，其中12家（5家）系数为负，31家（38家）系数为正，说明全天而言，投资者订单提交行为呈现日内随时间推移，投资者逐渐掌握更多的信息之后，倾向于提交更加积极的订单。

9. 对投资者类型假说的检验。

实证结果强烈支持投资者类型假说。所有43家公司中，卖单和买单分别有43家公司（占全部公司的100%）和41家公司（占全部公司的90.70%）的模型该系数都是负数。这说明相比个人投资者，机构投资者倾向于提交更积极的订单，原因在于机构投资者比个人投资者更加专业，其掌握更精确和更多的信息，无法成交可能带来的损失远远高于提交保守的订单节省的交易成本，因此做出投资决策以后会提交积极的订单，坚决执行交易。

10. 对信息透明度假说的检验。

实证结果没有支持信息透明度假说，信息透明度对买单和卖单的影响是不对称的。信息透明度越高，投资者提交的卖单越保守（32家公司该项系数显著为正）。但是对买单影响的方向不具有确定性（16家系数显著为正、17家系数显著为负）。该结果与预期不一致，原因可能在于五档行情披露之后（12月8日），整体股市处于上升通道，由于预期价格走强，投资者在卖出时候倾向于提交保守的订单以获得较好的成交价格；买入的时候，提交何种订单则取决于投资者对股票走势和市场状况的判断，因此模型的估计结果体现出信息透明度对订单积极性影响的不对称性。

11. 对订单不平衡假说的检验。

实证结果没有支持订单不平衡假说。对卖单（买单）而言，所有43家公司中 11 家（16 家）系数显著为负，5 家（9 家）系数显著为正。其系数显著的比例不高，影响的方向也不具有确定性。因此，可以认为订单不平衡性程度对投资者的订单提交策略的影响很小。

第五节　结论与启示

本章主要研究中国股票市场投资者的订单提交行为和策略，实证主要得到以下结论：

1. 按照订单积极性分类的各种形式的限价订单中，最多的是劣于最优价的小型订单，共计 978041 张（10.99%）；接着是介于最优买价和最优卖价之间的订单，共计 950977 张（10.68%）；最少的是撤单，共计 718276 张（8.07%）；其他类型的限价订单数量接近。其次，相当于市价订单的限价订单共计 3199112 张，占全部 8897516 张订单的 35.95%。最后，大型订单（大于平均订单规模）的数量为 3834031 张（43.09%），小型订单（小于平均订单规模）的数量为 4345209 张（48.84%）。

2. 买卖价差的宽度影响投资者提交的订单，但其影响不具有确定方向。这是因为投资者面临逆向选择风险时，既可以提交保守订单弥补损失，也可以提交积极的订单缩短等待时间以减少逆向选择风险，因此根据个股及市场情况不同，价差对订单积极性影响方向可以是正面或负面。

3. 不论是买方深度还是卖方深度，其深度越深，投资者提交的买单和卖单都越积极。其原因在于当同方向深度越深的时候，由于预测有更多同向订单进入订单簿，为了及早成交，投资者倾向于提交越积极的订单。

4. 股票流动性越强的时候，保守订单被执行的可能性越大，投资者在买入的时候会倾向于提交保守的订单以获得更优的成交价格；但是流动性强弱没有对投资者提交卖单的策略产生显著影响。

5. 下单之前五分钟的收益率越高，投资者提交越积极的买单；反之，下单之前五分钟的收益率越低，投资者提交越积极的卖单。其原因是投资者交易行为的非理性特征和正反馈交易使订单提交体现出短期的惯性特征，价格上升，投资者提交更积极的买单；价格下跌，则提交更积极的卖单。

6. 价格波动对投资者订单提交策略的影响是不对称的：价格波动越大时，

投资者提交越积极的卖单，而提交的买单则越保守。其原因在于价格波动大时，投资者买入的时候考虑的是更优的成交价格，而卖出的时候则主要考虑订单无法成交的风险和逆向选择风险。

7. 不论是买单还是卖单，大型订单的积极性都高于小型订单。原因是大型订单的提交者往往是拥有信息优势和较强投资技能的知情投资者（例如机构投资者），其掌握信息精度更高，提交订单的首要目标是确保迅速成交，因此倾向于提交积极的限价订单。此外，大型订单与小型订单所占比例接近，但其积极性却大于小型订单，因此大型订单在价格发现过程中起了更重要的作用。

8. 股票交易越活跃（成交量越大）时，投资者倾向于提交越保守的订单。这表明投资者对成交量的信息比较谨慎，当股票短期内成交量较大的时候，成交量携带的信息可能存在逆向选择风险，因此投资者提交保守的订单通过扩大买卖价差弥补可能的损失。

9. 投资者提交订单策略呈现日内的"U"形模式，即每天连续竞价开始和结束时提交更积极的限价订单。此外，全天内随时间推移，投资者逐渐掌握更多的信息之后，倾向于提交更加积极的订单。

10. 相比个人投资者，机构投资者倾向于提交更积极的订单，原因在于机构投资者比个人投资者更加专业，其掌握更精确和更多的信息，无法成交可能带来的损失远远高于提交保守的订单节省的交易成本，因此做出投资决策以后会提交积极的订单，坚决执行交易。

因此，本书提出以下政策建议或启示：（1）投资者交易时可以根据市场状况采用合理的订单提交策略，这样能够以最小执行成本以最大可能性达成交易，提高自身的投资收益。例如，当市场没有新信息时，不知情的流动性需求者可以选择在市场下降（上升）阶段提交较保守的订单买入（卖出），这样可以降低交易成本。（2）尽快推出市价订单等订单方式。实证表明相当于市价订单的积极订单占到了订单总数的 35.95%，并且机构投资者比个人投资者更喜欢提交接近市价订单的积极的限价订单，说明市场中存在对市价订单的需求，推出市价订单可以满足投资者，尤其是机构投资者的需求。（3）大型订单的信息含量和对价格的影响都大于小型订单，披露大型订单的信息将有助于提高信息透明度，降低市场的信息不对称程度，最终改善市场质量。

| 第六章 |

投资者订单提交持续期研究

所谓订单持续期（Order Duration），是指市场上投资者提交订单的时间间隔，金融微观结构的研究中经常使用的持续期还有价格持续期和交易持续期①。所谓订单提交策略，也称下单策略，是指投资者下达订单买卖股票的策略。

从微观结构理论来看，金融市场上有拥有不同信息的交易者，他们根据自身持有的信息内容和获得信息的时间进入市场参与交易，在每笔订单提交的间隔表示没有信息的涌入，因此订单持续期在市场的价格发现过程中扮演了重要的角色，其蕴涵了交易者对市场的判断、对信息的拥有程度和交易行为特征。

直观来看，一方面订单持续期代表了订单到达的频率和强度，订单持续期越短，说明投资者提交订单越频繁，反之则相反；另一方面订单持续期反映了流动性程度，订单持续期越短，说明该证券流动性越强。

目前已有研究较多涉及的是价格持续期、交易持续期和订单持续期三种，持续期的研究和预测有相当的理论和实用价值：（1）价格持续期的预测可以提高股票价格和期权价格波动性预测的精确性（Engle，1996；Hausman，Ané & Geman，1997）；（2）交易持续期的研究和预测可以用于预测市场的流动性（Engle & Lange，1997；Engle & Lunde，1998），对于流动性风险的评价有着重要作用（Dufour & Engle，2000）；（3）交易持续期还可以用来衡量交易对价格影响和交易的相关性（Dufour & Engle，2000）。

同时，订单持续期是投资者订单提交策略的一个重要方面，而选择合理的

---

① 价格持续期指的是交易资产的价格发生变动的时间间隔，交易持续期指两笔连续成交的时间间隔。

第六章 投资者订单提交持续期研究

订单提交策略直接影响投资者的投资收益，在偏好短线投资的散户占有极高比例的中国股票市场，订单提交策略对一般投资者影响更大。因此，研究中国股票市场的订单持续期，有助于深入分析投资者的订单提交行为，理解交易对价格影响和交易的相关性、市场的价格形成过程等问题，有着重要的理论意义。本章的研究成果可以提供给投资者作为投资操作的参考依据，证券监管当局也可以有针对性制定订单方式创新、交易信息披露和交易监管方面的政策，通过制定合理的交易制度最大程度保证中小投资者的利益。

本章采用精确的逐笔高频数据，运用自回归条件持续期模型（ACD模型）研究了中国深圳证券市场的订单持续期的特性。研究发现：（1）价差假说、深度假说、波动性假说、交易强度假说、信息透明度假说和订单积极性假说被证实，说明市场微观特性、市场状况、信息和订单提交者成交愿望等都影响投资者的订单提交策略；（2）涨跌假说得到支持，说明股票价格涨跌影响该股票的订单持续期；撤单是机构投资者制定订单提交策略的重要手段。创新有两点：（1）首次研究中国股票市场订单持续期的特性，以往的研究往往是集中在交易或者价格的持续期，国内学术界还未涉及对订单持续期的研究；（2）系统检验了我国市场订单持续期的系列假说，得出了一系列有价值的结论。

值得特别说明的是，任何交易所外的证券机构或信息提供商接收的高频交易数据为打包数据，交易所以4~6秒为间隔将该段间隔的证券行情、订单提交和成交回报等信息打包通过地面或卫星进行传送。所以实际上证券行情软件显示的并非精确的订单或成交信息，其显示或变化的数据实际上是经过压缩的、包含了4~6秒的信息，其不能精确记录和反映每一笔订单。在此意义上，论文根据深交所保留的逐笔订单和成交数据分析得到的研究结果具有特别的价值。

第一节 文献回顾

戴梦德和韦雷基亚（Diamond & Verrecchia），伊斯利和奥哈拉（Easley & O'Hara）首先研究和发展了交易达成时间序列的计量模型理论。长的持续期意味着对资产价值负面的评价，拥有优势信息的交易者想要出售资产，相当于卖空。也有学者持不同意见，认为长的持续期只是意味着无信息的交易者认为资产价格没有变化，短的持续期意味着存在信息不对称。英格丽和斯蒂芬

（Ingrid Lo & Stephen G. Sapp）研究发现限价指令和市价指令的提交是不对称的。滞后的平均交易量（深度的替代变量）影响市价指令的期望持续期，而滞后的市场订单不平衡、报价强度（Quote Intensity）、平均交易量和买卖价差缩短了限价指令的期望持续期。

投资者订单提交策略的理论研究的重点在于确定投资者会以何种策略进行交易，根据投资者是否拥有私有信息，文献主要分为两类：一类文献假设投资者不掌握私有信息；另一类文献假设市场上有知情和不知情两类投资者，知情投资者拥有私人信息。

另一方面，影响投资者订单提交策略的重要因素主要可有两类：一类是描述股票即时的市场状况的，例如买卖价差、波动性等；还有一类是代表订单自身属性的，例如订单的提交者类型、订单规模等。文献对有些因素的影响效果的结论比较一致，但对一些因素还存在争议。

本书认为，投资者在面临新信息带来的逆向选择风险时，可以采用两种策略进行交易，一是提交积极的订单减少等待时间以避免逆向选择风险，二是提交保守订单通过更好的成交价格弥补逆向选择带来的可能损失。因此，在面临波动性时候，投资者可能提交积极或者保守的订单，最终选择要取决于市场即时状况和投资者自身心理与偏好。

计量模型方面，恩格尔和拉塞尔（Engle & Russell, 1998）首先提出自回归条件持续期模型（Autoregressive Conditional Duration Model）用于描述股票交易时间持续期演化的模式。自回归条件持续期模型最初建立的时候是研究每笔交易时间的间隔即持续期。长的持续期意味着该区间缺乏交易活动，也就是说该时段没有信息的进入。ACD 模型可以考察持续期行为的动态行为，而持续期的动态行为正是包含了有关日内交易的市场活动，该模型可以用来衡量和预测交易到达的强度，并提供投资者制定正确的投资时机提供有价值的信息。许多学者则改进了 ACD 模型，博旺和吉欧特（Bauwens & Giot, 2000）对数 ACD 模型（Logarithmic ACD）避开了原始的 ACD 模型的某些限制。博旺和贝雷达斯（Bauwens & Veredas, 1999）提出随机条件持续期模型（Stochastic Conditional Duration）中引入了近期的随机因子以捕捉金融市场上信息到达的随机性。此外，张、拉塞尔和特赛（Zhang, Russell & Tsay, 2001）则提出非线性门限自回归条件持续期模型；莱因哈德等（Reinhard Hujer et al., 2002）提出了 Markov 转化 ACD 模型。

第二节 研究设计

(一) 样本的选取

研究选取中国深圳证券交易所 43 只深圳成份指数成份股在 2003 年 12 月 1 日~12 月 12 日共 10 个交易日连续竞价时段（每日上午 9:30~11:30，下午 13:00~15:00）的逐笔订单数据为研究样本，其中卖单记录 828073 条，买单记录 699938 条，撤单记录 297404，总计订单记录共计 1825415 条。数据来自深交所数据库，其保存了股票的提交的所有订单。数据库中提取的原始订单数据无法直接用于研究，必须经过数据清洗剔除无效数据，之后按照交易规则还原历史行情[1]。

为了保证模型的适用性，检验模型进行了如下调整：

首先，参照恩格尔和拉塞尔做法[2]，用样条估计的方法对订单持续期做出了日内模式调整，消除了持续期的时间效应。具体做法是将每个交易日根据 9:30、10:00、11:00、13:00、14:00、14:30 六个节点分成六个区间，分别为 t_1、t_2、t_3、t_4、t_5、t_6，以订单持续期（d_t）对时间段进行回归：

$$d_t = c_0 + c_1 t_1 + c_2 t_2 + c_3 t_3 + c_4 t_4 + c_5 t_5 + c_6 t_6 \qquad (6-1)$$

计算出订单持续期（d_t）的预期值（$E(d_t)$），并用其对调整得到日内调整的订单持续期 $Ad_t = \dfrac{d_t}{E(d_t)}$。

其次，为了将不同股票之间的差异消除，买卖价差、深度、波动性、订单规模和交易强度五个变量用各自股票相应指标的平均数进行了调整[3]，这样不

---

[1] 深圳证券交易所的保存数据没有包括行情数据，因此必须另外编程进行计算。这里同时感谢我的同事周峰帮忙进行了恢复行情数据的工作。

[2] 本章的方法是先调整持续期的日内模式，然后进入 ACD 模型进行估计，这种做法与恩格尔和拉塞尔（Engle & Russell）文中直接采用样条方法调整日内模式，并加入 ACD 模型中一并进行估计略有差异。

[3] 具体而言，以买卖价差为例，每只样本股每个样本点的买卖价差均除以该股票所有样本点的买卖价差平均值后得到调整后该样本点的买卖价差。

同样本股的指标具有了可比性①。

设计代理变量时，订单积极性根据订单的订单价格与市场行情进行分类，买单或者卖单各分为10种，订单顺序代表了订单的激进程度（Order Aggressiveness），分别以数字0~9标记积极性代理变量，以买单为例分为：（1）优于卖一价的不足额大买单；（2）优于卖一价的不足额小买单；（3）优于卖一价的全额成交大买单；（4）优于卖一价的全额成交小买单；（5）高于买一，低于卖一的大买单限价；（6）高于买一，低于卖一的小买单；（7）等于买一的大买单；（8）等于买一的小买单；（9）低于买一的大买单；（10）低于买一的小买单。订单积极性代表了投资者成交意愿，积极订单相当于市价订单，其成交可能性大于保守订单（相当于限价订单），其逆向选择成本也较低，但是保守的订单可以比积极的订单获得更优的价格。

（二）变量的定义与检验模型的设定

传统的计量经济学工具往往用来研究固定时间间隔的时间序列分析，而持续期研究中的高频交易数据一般在不规则的时间间隔发生，因此分析中必须考虑特殊形式的异方差。因此，研究方法主要采用金融研究领域最新发展的自回归条件持续期模型（Autoregressive Conditional Duration Model）。

具体而言，研究采用了EACD（1，1）模型。定义 D_i 为订单持续期，一般采用调整后的持续期，$\psi_i = E(D_i | F_{i-l})$ 表示第 $i-1$ 和第 i 笔事件的基于信息集 F_{i-1} 的期望订单持续期。F_{i-1} 表示在第 $i-1$ 笔事件所拥有的信息集合，EACD（1，1）模型表示为：

$$D_i = \psi_i \varepsilon_i \qquad (6-2)$$

$$\psi_i(y_i) = \omega + \alpha D_{i-1} + \beta \psi_{i-1} + exp(\zeta' z_{i-1}) \qquad (6-3)$$

其中：ω 为斜率；α 依赖于滞后状态的持续期的系数；z_{i-1} 为检验假说的代理变量（相对价差、深度、波动性等），ζ 为代理变量的系数。（6-2）式表明订单的期望持续期依赖于滞后的实际持续期、滞后的预期订单持续期以及代理变量。ε_i 遵从标准的指数分布。

---

① 订单激进性本身具有可比性，因此不做调整。

ε_i 遵从标准的指数分布,指数分布的密度函数为:

$$F(x|\beta) = \begin{cases} 0 & if\ x < 0 \\ 1 - e^{-x/\beta} & if\ x \geq 0 \end{cases} \quad (6-4)$$

$$E(x_i) = E[E(\psi_i|F_{i-1})] = E(\psi_i),\ E(\psi_i) = \omega + \gamma_1 E(x_{i-1}) + \omega_1 E(\psi_{i-1}) \quad (6-5)$$

模型的参数估计采用准似然方程(the Maximum Pseudo - Log - Likelihood Function):

$$L(\theta/D_1,D_2,\Lambda,D_n) = -\sum_{i=1}^{N(T)} \log(\psi_i) - \left(\frac{D_i}{\psi_i}\right) \quad (6-6)$$

(三)研究假说

价差代表了不确定性和交易成本,深度代表了市场流动性,交易强度指标代表了市场中信息的来源速度。根据国外的微观结构理论,在新信息来临集中、深度、流动性、市场不确定性程度和信息透明度等因素都会影响订单到达的强度。根据投资者下单行为的理论文献的研究成果,结合中国证券市场投资者自身独特的行为特点,本章提出以下待检验的假说(假说及检验变量说明见表6-1和表6-2):

表6-1　　　　　　　　模型检验假说与结论汇总

标号	检验假说	假说内容
1	假说一	价差假说:价差越宽(窄),买卖订单持续期越短(长),撤单持续期越长(短)
2	假说二	深度假说:市场深度越深(浅),订单持续期越长(短),撤单持续期越短(长)
3	假说三	波动性假说:波动性越大(小),买单持续期越长(短),卖单持续期越短(长)
4	假说四	订单规模假说:订单规模越小(大),订单持续期越长(短)
5	假说五	订单提交前的交易强度越大(小),买卖订单持续期越短(长),撤单持续期越长(短)
6	假说六	信息透明度假说:信息透明度越高,订单持续期越短(长)
7	假说七	订单积极性假说:订单积极性越高(低),其持续期越短(长)

表 6-2　　　　　　　　　　　模型采用的指标说明

标号	检验的假说	检验用指标	变量名	方　法
1	假说一	买卖价差	Qspread	买卖价差 = 2 × （卖一价 - 买一价）/（卖一价 + 买一价）
2	假说二	深度	Depth	深度 =（买入深度 + 卖出深度）/2①
3	假说三	波动性	Volatility	订单下达前五分钟价格的波动性
4	假说四	订单规模	Vol	以订单代表的股数衡量
5	假说五	交易强度	Time	以订单下达前五分钟的累计成交量衡量
6	假说六	信息透明度	TDummy	五档信息披露制度前（2003年12月28日）为0，之后为1
7	假说七	订单积极性	Aggressive	根据订单的积极性划分为 0～9 的数字变量

假说一，价差假说：价差越宽（窄），买卖订单持续期越短（长），撤单持续期越长（短）。

价差越宽，市场信息不对称和不确定性程度越高，买价或卖价偏离内在价值越多，这时候尽管价差宽会使交易成本升高，拥有私有信息的投机的交易者还是会立即进入市场，通过买卖股票赚取利润，这样订单持续期就会变短。

假说二，深度假说：市场深度越深（浅），订单持续期越长（短），撤单持续期越短（长）。

首先，深度越深意味着相当比例的订单等待成交，这个负面信号导致投资者不愿意立即提交积极的订单完成交易。其次，当订单提交强度较强（持续期短）时，订单更可能快速被成交，停留在订单簿等待成交的订单较少，因而市场深度也会较浅。最后，深度较深时，许多停留在订单簿的订单因为没有成交而发生撤单，导致撤单持续期缩短。因此，深度越深（浅），无论是买单还是卖单的订单持续期越长（短），撤单持续期越短（长）。

假说三，波动性假说：市场波动性越大（小），卖单持续期越短（长），买单和撤单持续期越长（短）。

当波动是由新信息的进入造成的，波动性越大，由于投资者卖出时首要目标是尽快成交，而较少考虑波动性带来的交易成本，这样卖单持续期将变短。但是，买入时，投资者担心股价波动造成买入成本过高推迟或放

---

① 买入深度 =（买一量 + 买二量 + 买三量）/流通盘 × 10000；卖出深度 =（卖一量 + 卖二量 + 卖三量）/流通盘 × 10000。

弃提交买单，导致买单持续期变长。此外，我国市场只能提交限价订单，当价格波动大时，限价订单被执行的可能性加大，这样撤单就会减少，导致撤单持续期变长。

假说四，订单规模假说：订单规模越小（大），订单持续期越长（短）。

订单规模越大，其携带的信息越多，并且此类订单提交者对成交的渴求要高于小型订单，因此，订单（包括买单和卖单）规模越小（大），订单持续期越长（短）。此外，大型订单的提交者具有更好的制定订单提交策略的技能，其运用撤单的可能性大于小型订单的提交者，导致大型订单的订单持续期小于小型订单的订单持续期。

假说五，交易强度假说：订单提交前的交易强度越大（小），买卖订单持续期越短（长），撤单持续期越长（短）。

交易强度指标代表了市场中信息的来源速度，当股票短期内交易强度越大（成交量较多）的时候，投资者因为新信息入市交易，导致订单提交越集中，相应地买卖订单持续期也越短。同时，当成交量大时，撤单因为订单被成交而减少，导致撤单持续期变长。

假说六，信息透明度假说：信息透明度越高，订单持续期越短（长）。

当市场的信息不对称透明度提高，处于同等信息优势的投资者数量增加，导致一般投资者更愿意提交订单，因而降低了订单的持续期（包括卖单、买单和撤单）。此外，信息透明度越高，投资对证券的合理价格掌握更加精确，投资者一旦决定买入，会快速提交订单以求成交。

假说七，订单积极性假说：订单积极性越高（低），其持续期越短（长）。

越积极的订单，投资者的成交欲望越强，因此，提交积极订单的投资者会在较短时间内提交新的订单，导致持续期较短。

第三节 实证结果与分析

从模型估计结果可以发现无论是买单、卖单和撤单模型，几乎所有参数都通过了10%或者更强显著性水平的检验，可以认为对于每个模型的绝大多数系数和检验都是显著的，说明ACD模型对订单持续期的拟合良好，订单持续期存在聚类现象，即一段时期内订单会被频繁提交（见表6-3）。

表 6-3　　　　　　　　　　　变量描述性统计表

模型 A：卖单

	平均值	标准差	偏度	峰度	最小值	最大值
订单持续期	1	3.94341	72.41	7291.59	0.00012	529.2739
相对价差	1.6748	1.0022	4.90	53.60	0.4443	33.5482
深度	1.0000	0.6803	4.95	143.74	0.0205	32.9167
波动性	1.0000	0.9875	2.01	5.14	0.0000	9.5135
订单规模	1.0000	3.1899	23.34	1388.70	0.0002	464.3398
报价强度	1.0000	0.8594	1.19	1.33	0.0000	6.2359
信息透明度	0.4057	0.4910	0.3839	-1.85	0	1
订单积极性	6.7912	2.7175	-0.89	-0.69	0.0000	9.0000
涨跌哑变量	0.6508	0.4767	-0.6328	-1.60	0	1
机构/个人	0.0223	0.1476	6.4721	39.89	0	1

模型 B：买单

	平均值	标准差	偏度	峰度	最小值	最大值
订单持续期	1	3.594969	70.50894	7528.406277	0.00007	510.9236
相对价差	1.7355	1.1209	5.74	72.39	0.4443	37.1554
深度	1.0000	0.7097	5.82	165.78	0.0223	38.0969
波动性	1.0000	0.9806	2.56	9.93	0.0000	11.6015
订单规模	1.0000	3.5790	42.12	4411.60	0.0112	732.6396
交易强度	1.0000	0.8334	1.25	1.58	0.0000	4.9440
信息透明度	0.4336	0.4956	0.2680	-1.92	0	1
订单积极性	6.3132	2.7555	-0.59	-1.10	0.0000	9.0000
涨跌哑变量	0.4542	0.4979	0.1839	-1.97	0	1
机构/个人	0.0232	0.1507	6.3291	38.06	0	1

模型 C：撤单

	平均值	标准差	偏度	峰度	最小值	最大值
订单持续期	1.0000	2.0254	23.6093	1195.18	0.00009	208.2750
相对价差	1.6509	0.9601	4.7963	53.47	0.4443	27.6887
深度	1.0000	2.0886	9.2137	118.09	0.0090	52.0777
波动性	1.0000	0.9460	2.2255	7.19	0.0000	8.8646
订单规模	1.0000	3.8858	40.4458	3129.65	0.0000	510.2842
交易强度	1.0000	0.7766	1.0896	0.99	0.0000	5.0716
信息透明度	0.4209	0.4937	0.3205	-1.90	0	1
涨跌哑变量	0.5819	0.4932	-0.3322	-1.89	0	1
机构/个人	0.0157	0.1244	7.7849	58.60	0	1

1. 价差假说的检验。

实证结果显示（见表 6-4、表 6-5），该假说的模型估计系数为 -0.0166（卖单）、-0.0266（买单）和 0.0749（撤单），并分别在 5%、1% 和 1% 的置信水平显著，从而证实了价差假说。价差越宽，买价或卖价偏离内在价值越多，拥有私有信息的投机的交易者会立即下单交易以赚取利润，导致订单持续期缩短。

表 6-4　　　　　　　　　ACD 模型估计结果

	卖单模型					买单模型			
	系数	标准误	Z 统计量	P 值		系数	标准误	Z 统计量	P 值
相对价差	-0.0166	0.0078	-2.1352	0.0327	相对价差	-0.0266	0.0012	-22.6089	0.0000
深度	0.0297	0.0133	2.2255	0.0260	深度	0.0907	0.0029	30.8216	0.0000
波动性	-0.0061	0.0064	-0.9619	0.3361	波动性	0.0517	0.0026	19.8536	0.0000
订单规模	0.0596	0.0210	2.8408	0.0045	订单规模	0.0828	0.0021	39.1624	0.0000
报价强度	-0.0659	0.0274	-2.4035	0.0162	报价强度	-0.0256	0.0023	-11.2354	0.0000
信息透明度	-0.7227	0.4502	-1.6052	0.1084	信息透明度	-0.4645	0.0001	-3417.5440	0.0000
订单积极性	0.0980	0.0390	2.5141	0.0119	订单积极性	0.0287	0.0022	13.2481	0.0000
对数似然值	-1745959	AIC 信息标准		4.21695	对数似然值	-1516604	AIC 信息标准		4.3336
对数似然值平均值	-2.108463	SC 信息标准		4.21709	对数似然值平均值	-2.166772	SC 信息标准		4.3337

表 6-5　　　　　　　　撤单的 ACD 模型估计结果

	系数	标准误	Z 统计量	P 值
相对价差	0.0749	0.0210	3.5602	0.0004
深度	0.0925	0.0119	7.7479	0.0000
波动性	0.0799	0.0157	5.0834	0.0000
订单规模	0.0988	0.0042	23.5153	0.0000
报价强度	0.0562	0.0144	3.9134	0.0001
信息透明度	-0.5361	0.1792	-2.9921	0.0028
对数似然值	-515602.8	AIC 信息标准		3.4674
对数似然值平均值	-1.7337	SC 信息标准		3.4677

2. 对深度假说的检验。

实证结果显示，该假说的模型估计系数为 0.0297（卖单）、0.0907（买单）和 0.0925（撤单），并分别在 5%、1% 和 1% 的置信水平显著，从而证实了深度假说。深度意味着相当比例的订单等待成交，这个负面信号导致投资者不愿意立即提交订单，导致订单持续期变长，而没有成交的订单撤单，导致撤单持续期缩短。

3. 对波动性假说的检验。

实证结果显示，该假说的模型估计系数为 -0.0061（卖单）、0.0517（买单）和 0.0799（撤单），其中买单模型和撤单模型的系数都在 1% 的置信水平显著，从而基本证实了波动性假说。

当波动是由新信息的进入造成的，波动性越大，投资者卖出时会不计成本快速提交卖单卖出，导致卖单持续期变短。但是，买入时，投资者担心股价波动造成买入成本过高推迟或放弃提交买单，导致买单持续期变长。此外，当价格波动大时，限价订单被执行的可能性加大，撤单就会减少而使撤单持续期变长。

4. 对订单规模假说的检验。

实证结果显示，该假说的模型估计系数为 0.0596（卖单）、0.0828（买单）和 0.0988（撤单），并都在 1% 的置信水平显著，从而证实了订单规模假说。订单规模越大，其携带的信息越多，并且此类订单的提交者对成交的渴求要高于小型订单的提交者，因此持续期会越短。

5. 对交易强度假说的检验。

实证结果显示，该假说的模型估计系数为 -0.0659（卖单）、-0.0256（买单）和 0.0562（撤单），并分别在 5%、1% 和 1% 的置信水平显著，从而证实了交易强度假说。当交易强度强的时候，订单更加可能被执行，并且交易强度所携带的信息对投资者而言十分重要，这就缩短了买卖订单的持续期。同时，当成交量大时，撤单频率因为订单被成交而减少，撤单持续期将会变长。

6. 对信息透明度假说的检验。

实证结果显示，该假说的模型估计系数为 -0.7227（卖单）、-0.4645（买单）和 -0.5361（撤单），其中买单模型和撤单模型估计系数都在 1% 的置信水平显著，卖单模型估计系数的 P 值水平也接近 10%（为 10.84%）从而基本证实了信息透明度假说。

当市场的信息不对称透明度提高，处于同等信息优势的投资者数量增加，导致投资者更愿意提交订单，因而降低了订单的持续期（包括卖单、买单和撤单）。此外，信息透明度越高，投资者会快速提交订单以求成交。

7. 对订单积极性假说的检验。

实证结果显示，该假说的模型估计系数为 0.0980（卖单）和 0.0287（买单），并分别在 5% 和 1% 的置信水平显著，从而证实了订单积极性假说。越积极的订单，其提交者的成交欲望越强，导致积极订单的持续期较短。

第四节 其他假说的检验

除以上假说，本章还提出了涨跌假说和投资者类型假说[1]。涨跌假说认为股票价格上涨（下跌）时，卖单持续期越长（短），买单和撤单的持续期较短（长）。投资者类型假说认为机构投资者的订单持续期小于个人投资者的订单持续期。原因在于机构投资者拥有信息优势，其对成交的渴求要高于其他投资者。

实证结果显示，涨跌假说的模型估计系数为 0.00827（卖单）、-0.0027（买单）和 -0.0082（撤单）[2]，并都在 1% 的置信水平显著，从而证实了涨跌假说。原因在于投资者往往在股票价格上涨（下跌）时买入或者下买单后撤单，而倾向于在股票下跌时候卖出。

实证结果显示，涨跌假说的模型估计系数为 0.00002（卖单）、-0.00299（买单）和 -0.43402（撤单），但是只有撤单模型的系数在 1% 的置信水平显著，卖单模型和买单模型的模型系数都不显著。因此，投资者类型假说没有被证实。但是实证结果表明机构投资者撤单持续期要显著低于个人投资者撤单持续期，这是因为撤单是机构投资者常用的迷惑交易对手的下单手法，其使用撤单的频率高于个人投资者，因此其撤单持续期要短于个人投资者撤单持续期。

---

[1] 这两个假说之所以单独检验是因为这两个变量如果纳入前文模型会导致估计时模型不收敛，因此这里两个变量单独作为代理变量分别进行检验。

[2] 篇幅限制，这里没有列示详细的估计结果。

第五节　结论与启示

本章使用 ACD 模型实证分析了中国深圳证券市场的投资者订单持续期的行为，证实了中国市场订单持续期存在聚类现象，即在一段较短的时间内，投资者往往集中提交订单。实证发现买卖价差、深度、价格波动、交易强度、信息透明度和订单提交者类型等都影响订单持续期。此外，实证结果支持涨跌假说，即股票价格上涨（下跌）时，卖单持续期越长（短），买单和撤单持续期较短（长）。

但是，投资者类型假说没有被证实，机构投资者和个人投资者的卖单与买单持续期没有明显差别，而机构投资者撤单持续期要显著低于个人投资者撤单持续期，说明了撤单是机构投资者制定订单提交策略的重要手段。

具体实证结论如下：

1. 股票价格价差越宽（窄），拥有私有信息的投机型交易者入市交易赚取价差，导致订单持续期越短（长）。

2. 深度越深，意味着相当比例的订单等待成交，这个负面信号使投资者不愿意立即提交积极的订单完成交易，导致订单持续期越短（长）。

3. 价格波动对订单持续期的影响是不对称的：价格波动越大（小），卖单的持续期越短（长），而买单和撤单的持续期越长（短）。

4. 拥有信息优势和较强投资技能的知情投资者提交的订单规模大，其掌握信息精度更高，对成交的渴求较高，因此他们提交订单的持续期会较短。

5. 订单提交前的交易强度越大（小），订单持续期越短（长）。

6. 当信息透明度越高、有信息优势的投资者越多，因此提交订单会在一段短时间内更加集中，导致订单持续期越短（长）。

7. 提交积极订单的投资者的成交欲望强，会在较短时间内提交新的订单，导致订单持续期较短。

8. 实证支持涨跌假说，即股票价格上涨（下跌）时，卖单持续期越长（短），买单和撤单持续期较短（长）。投资者类型假说没有被证实，机构投资者和个人投资者的卖单与买单持续期没有明显差别，但是，机构投资者撤单持续期要显著低于个人投资者撤单持续期，表明挂单后撤单是机构投资者常用的交易策略。

第六节 政策建议

因此，本书提出以下政策建议或启示：（1）提高交易信息透明度。实证证实交易信息透明度提高，订单的持续期缩短，投资者更愿意提交订单，流动性得以提高。许多国外交易所提高实时交易信息的透明度，有的交易所甚至披露所有价位的订单数量和价格以及订单来自的经纪席位名称，使得许多原先隐藏的、含有私有信息的订单暴露在一般投资者面前，保证了中小投资者的利益，提高了市场质量。因此，改进交易制度时，应该考虑提高交易信息透明度。（2）大型订单的信息含量和对价格的影响都大于小型订单，披露大型订单的信息将有助于提高信息透明度，降低市场的信息不对称程度，最终改善市场质量。

| 第七章 |

交易信息透明度的理论和实证分析

市场透明度是市场参与者在交易过程中取得信息的能力或程度。关于交易信息公开程度对市场的影响,国外学者主要是从市场透明度(Market Transparency)的角度,考察信息披露程度对市场公平性、流动性及效率性的影响[①]。

近年来,以美国股市为代表的国际资本市场的市场结构已经发生了巨大变化,市场分割不断加剧,股票在许多不同透明度的交易场所成交。5年前美国股市的80%交易在交易所场内执行,而目前纽约证券交易所的交易金额只占26%,其余在10多个交易所、30多个黑池(Dark Pool)和超过200个经纪商执行,近30%成交量在黑池等不显示流动性的场所完成,并且该比例不断增加。这种市场结构的转型,重新引起学术界和实务界对透明度问题的关注。市场是否存在最优的透明度,快速发展、低透明度的黑池是否会破坏交易所等重要公开市场的价格发现功能,这一系列问题都成为受关注的核心问题。

第一节 信息透明度的定义

(一)信息透明度的定义和公开对象

奥哈拉(O'Hara, 1995)定义"市场透明度"为市场参与者在交易过程

---

① 信息透明度理论方面的阐述主要参考:委托簿信息透明度对投资人福利与市场绩效的影响[R]. 台湾证券交易所研究报告, 2004

中取得信息的能力或程度。一般而言，市场透明度需要考虑三个层面：（1）需要公开的信息的内容；（2）信息公开的对象；（3）信息公开的及时程度。当信息披露的内容越广、披露的对象越多、披露的时间越实时，则称该市场越透明；相反地，当信息披露的内容越窄、披露的对象越少、披露的时间延迟越久，则称该市场越不透明。

信息公开的对象包括交易所会员、一般投资者和所有的社会大众。当然各类型投资者对信息披露程度的需求并不相同。例如，小额投资者或散户取得信息的渠道有限，所以需要市场具有较高的透明度，而大户或机构投资者取得信息的渠道较多，所以对即时交易信息的披露需求程度相对较低。

（二）信息透明度的作用

首先，市场透明度会影响市场的公平与效率，进而影响投资者的行为。高的市场透明度可以让投资者能够判断已完成交易的成交价格是否合理，从而能保证所有投资者的公平性。

其次，透明度能增加价格发现的功能，提高市场的效率。当交易价格和数量的信息被广泛和迅速地传播的时候，投资者可以判断股票交易的真实价格并且据此做出投资决策。因此，透明度在价格发现的过程中扮演非常重要的角色，高的透明度可以增强投资者信心，并使其拥有足够的信息来做出合理的投资决策。

最后，信息越透明的订单驱动市场中，交易成本远比信息不透明的报价驱动市场低。并且在信息透明的市场，投资者和监管部门也较容易监督市场，保障市场的公平与效率（Pagano & Roell, 1996）。

（三）信息透明度的内容

信息透明度的内容需要考虑两个问题，一是公开的是交易前的信息还是交易后的信息，二是公开的信息包含的范围。哈里斯（Harris, 2003）定义事前透明度为与订单报价相关的信息，事后透明度为与交易细节相关的信息。也就是说，事前透明度能够让投资者取得有关现在正在市场上的订单以及订单可能执行的价格，事后透明度则是在交易过后有关交易相关信息的公开。

也有观点认为只要是公开订单簿信息的市场就可以说是具有透明度。但是，订单簿信息公开内容有订单的价格、数量、种类以及订单时间等。披露时还必须考虑需要披露几档的价格信息、所披露的数量信息是个股信息，还是所有股票的累计信息。一般认为披露相关信息的项目越多，披露越具体的个股信息，则信息透明度越高。

第二节 交易信息公开的时效性

信息披露的时效性是透明度的一个重要方面。就事前透明度而言，为了让投资者能够知道目前正在进行的订单信息，市场信息的披露速度当然是越快越好。但是就事后透明度来说，信息实时公开的效果并不是完全正面的，必须根据市场情况而定。

伦敦证券交易所（London Security Exchange，LSE）的大宗交易占有相当大的比重（占市场交易量的80%以上），一旦将所有交易信息实时揭示出来，竞争对手便可以利用实时公开信息在市场中干扰自营商的买卖操作，自营商为避免承担风险，就不愿意承接大宗交易订单或者通过扩大买卖价差来保护自己。最终将会损害市场流动性和加大市场波动性。因此，LSE采用了延迟披露大宗交易信息的制度。

对于延迟披露信息制度，也有学者持相反的看法。格米尔（Gemmill，1996）采用伦敦证券交易所延迟信息公布的三阶段：实时信息公布（1987/1988）、24小时信息延迟（1989/1990）及90分钟信息延迟（1991/1992）的数据来检验透明度在这三个阶段对市场流动性及波动性的影响。实证结果显示，延迟信息公布并不能减少买卖价差或是大宗交易对于价格的冲击，即该制度并没有如其支持者所认为的能增强市场流动性和降低市场波动性。

第三节 世界各国和地区市场订单簿的信息透明度

世界各证券交易所中，多伦多交易所已由披露最优五档买卖价量信息，改为将每一价位的买卖价量信息，都披露给市场参与者。纽约、澳大利亚、新加

第七章 交易信息透明度的理论和实证分析

坡、韩国等证券交易所，都已改为盘中实时披露每一价位的买卖价量的订单信息。此外，巴黎、印度、欧洲证交所（Euronext）等交易所则是即时披露最优五档买卖价量信息。具体情况见表7-1和表7-2。香港交易所提供的实时信息则包括每只股票的经纪买盘和卖盘，并且披露了每位经纪商各席位的买卖股票情况（见图7-1～图7-3）。

表7-1　　　　世界各国和地区交易所信息披露的程度和情况

交易所	披露档数	累计股数或个别股数	信息披露的对象
纽约	全部	个别	大众
纳斯达克	最优五档	个别	大众
多伦多	最优五档/全部	个别	大众：最优五档
温哥华	全部/最优五档	个别	经纪商：全部
东京	最优五档/会员：全部	个别	会员：全部
香港	全部	个别	大众
印度	最优五档	个别	大众
韩国	三档	个别	大众
吉隆坡	全部	个别	会员
新加坡	全部	个别	大众
澳大利亚	全部	个别/累计	会员：个别信息
巴黎	全部	个别	大众
伦敦	全部	个别	会员
斯德哥尔摩	最优五档/全部	个别	大众：五档
欧洲证交所	全部	个别	大众
哥本哈根	最优五档	个别/累计	会员：个别
赫尔辛基	全部	个别	会员
布鲁塞尔	全部	个别	大众
奥地利	全部	个别	大众
瑞士	全部	个别	大众
意大利	全部	个别	会员
墨西哥	全部	个别	会员
布拉格	全部	个别	会员
法兰克福	最优一档	个别	会员

注：订单股数的揭露方式分成个别与累计两种，个别指公开的是个别订单的订单股数，累计指公开的是某一订单价格下累计的订单股数。信息披露的对象分为对一般投资者披露和对特定人士（例如：会员、经纪商或做市商等）。

资料来源：订单簿信息透明度对投资人福利与市场绩效的影响［R］. 台湾证券交易所研究报告，2004

表 7-2　　　　　　　　　　世界各交易所开盘前的信息披露

交易所	开盘前的信息披露
纽约	纽约证券交易所的专业会员对于开盘价格有相当大的控制力，而且对于公开限价订单簿有独占的信息。专业会员观察到市场上隔夜累积的限价订单，然后决定开盘价，使不平衡的累积订单以及开盘时的市价订单能够被专业会员的存货所吸收。对于流动性差的股票，专业会员会依自己的交易意愿在买卖两方报价，以使流动性差的股票能够产生交易。整体而言，纽约证券交易所交易前的市场透明度是很低的。 纳斯达克：开盘前的交易活动 8:15~9:30 在网站上披露，但是只有披露纳斯达克-100 指数成份股最优一档的数据。披露开市前交易的数据具有领先指标的作用，投资者可以使用此资料以判断购买某一种股票的强度，也可以使用开盘前的数据判断股票的开盘价格，以及股价会持续多久。
香港	开市前阶段，香港交易所会将参考均衡价格以及参考均衡成交量等信息向交易所参与者以及信息供货商公告。只有在竞价限价买盘的最高买盘价等同或高于竞价限价卖盘的最低卖盘价时，才会计算参考均衡价格。
东京	会员可以在开盘前或是交易进行中通过终端机显现订单簿的信息，只有显现价格和数量，并没有显现身份，不过终端机也会显示到目前为止最大的累计投资者所来自的经纪商。
多伦多	多伦多交易所的开盘前阶段从早上 7:00~9:30，在这段期间，最优的买价（最高的买价）和最优的卖价（最低的卖价）会随时被更新，以反映新的订单，并且向大众报道。
巴黎	巴黎交易所在市场开盘前有高度的透明度，开盘前时间为 8:30~10:00，市场参与者在开盘前这段期间可以下单、修正、取消在市场开盘时可能执行的订单。每当有订单进入、修正或取消时，由订单簿而来的指针性市场价格传送出去，传送的数据包括在该价格的交易量，以及未执行的四个最优买价与卖价。

资料来源：委托簿信息透明度对投资人福利与市场绩效的影响 [R]. 台湾证券交易所研究报告，2004

第七章　交易信息透明度的理论和实证分析

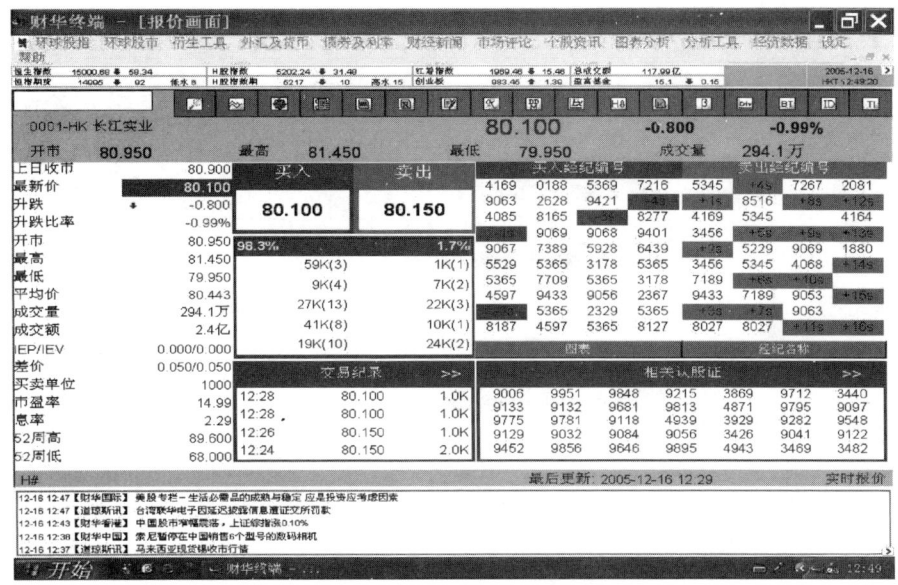

图7-1　香港交易所实时经纪买盘和卖盘信息

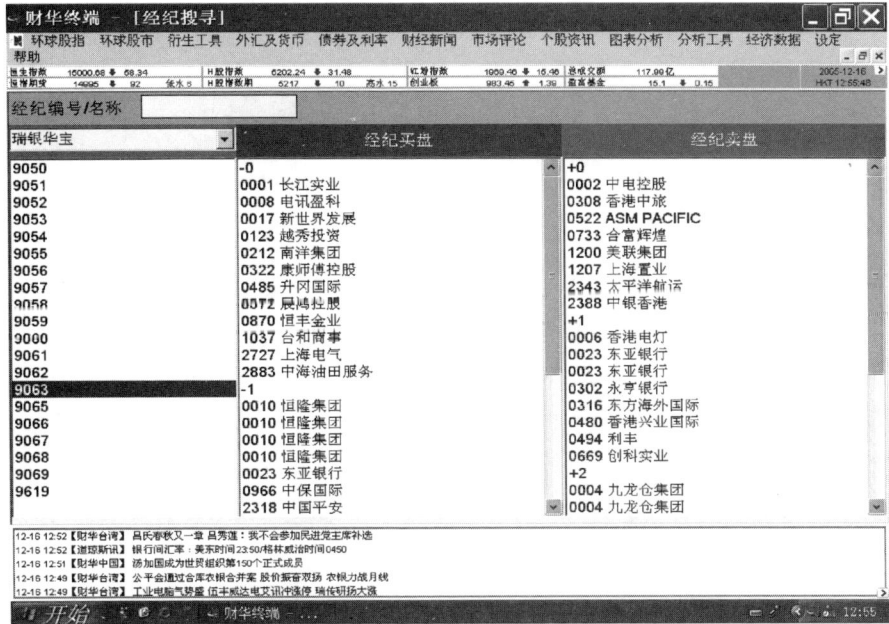

图7-2　香港交易所的实时股票经纪商（瑞银华宝）的买卖信息

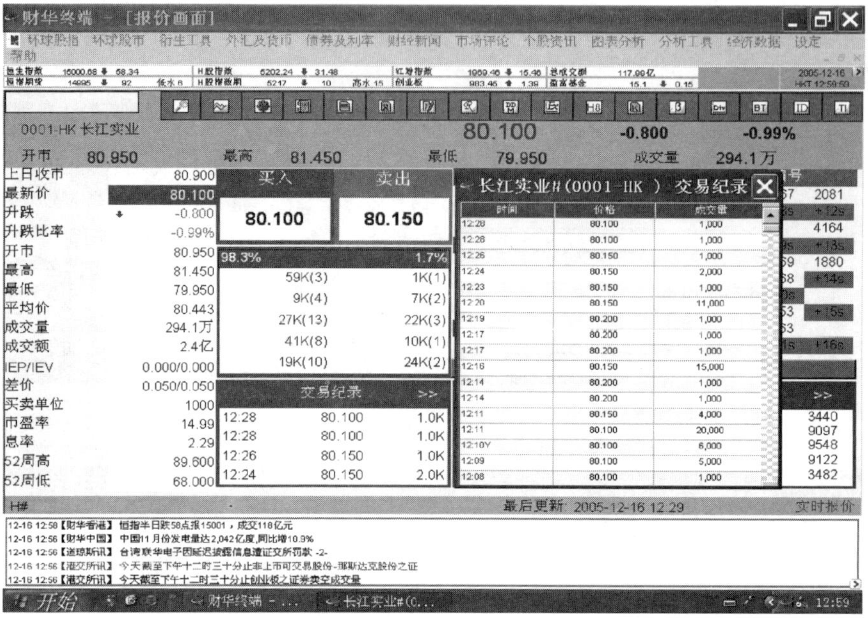

图 7-3　香港交易所的实时成交记录信息

第四节　信息透明度的影响分析

相比报价驱动市场来说,订单驱动市场可以提供较多的交易信息,因为其所有交易都是集中进行的,所以可以及时向投资者披露交易前或交易后的信息。而交易分散进行的报价驱动市场,实时披露的信息则较为有限,往往只披露做市商的最优报价信息。因此,订单驱动市场一般而言比做市商市场有较大的信息透明度。限价订单簿的信息越公开,表示信息的透明度越大。限价订单簿的信息透明度可能会对市场流动性、价格发现等市场质量产生影响,同时限价订单簿所提供的信息也会对投资者的决策产生影响。

(一) 市场流动性

哈里斯 (Harris, 1990) 区分流动性四个层次:宽度、深度、即时性和弹性。针对限价订单市场,许多学者讨论了限价订单簿透明度对于市场流动性的正反面影响。伯默、塞拉和于（2003）以纽约证券交易所的限价订单簿（Open Book）为研究对象，考察在2002年1月24日纽约证券交易所公开限价订单簿的所有信息后，流动性是否改变。用订单簿的深度以及有效买卖价差衡量流动性，实证结果证明了改革之后股票的买卖价差变小、市场深度变大，因此，信息透明度的提高有利于市场流动性。

费里斯、麦克艾内希和伍德（Ferris, McInish & Wood, 1997）检验温哥华股票市场采取自动交易系统的效果，发现温哥华股票市场的市场流动性在自动化后增加。因此，温哥华股票市场的自动化会增加市场的透明度，促进投资者参与的程度和信心。

施瓦茨和韦伯（Schwartz & Weber, 1997）发现在纳斯达克以及伦敦证券交易所从纯粹的做市商市场转变成混合市场（做市商与电子化报价驱动混合）以后，吸引了许多订单到限价订单簿系统中，并且降低了投资者的交易成本。麦克艾内希和范内斯（McInish & Ness, 1998）等考察电子化交易网络（ECN）的影响，发现在引入电子化交易网络（ECN）后，报价的数量增加，买卖价差降低，交易的数量增加，但是平均的交易规模却降低了。钟和范内斯（2001）考察纳斯达克两次市场改革后的变化，研究结果发现市场的信息更透明，买卖价差明显下降，表示纳斯达克股票市场的限价订单投资者在报价过程中扮演重要的角色。

有些学者持反对意见，他们认为透明度降低了市场流动性和质量。例如，麦达范、波特和韦弗（Madhavan, Porter & Weaver, 2000）利用多伦多交易所公开传递限价订单簿数据给交易厅及自动交易系统的事件进行研究，发现透明度的增加会影响流动性，并且执行成本和波动性都增加了。亨德肖特和琼（Hendershott & Jones, 2003）检验 Island 电子通信网络（Electronic Communications Network, ECN）停止揭示其三个最活跃的交易所交易基金（Exchange-Traded Funds, ETFs）限价订单簿的效果。结果发现事前透明度的降低使有效买卖价差以及已实现买卖价差增加，从而增加了整体的交易成本和降低了市场质量。

（二）市场效率

有许多学者发现，信息透明度的提高，会增强价格发现的功能，使价格更具有效率性。布洛姆菲尔德和奥哈拉（Bloomfield & O'Hara, 1999）针对做市商市场的利用实验方法研究交易与报价信息披露对市场效率、交易成本与投资者福利的影响。结果指出，交易信息的披露远比报价信息披露来得重要，有助于提高市场效率。他们指出没有拥有私有信息的流动性提供者在最透明的市场中反而容易遭受损失，可是对小额投资者而言，透明度对其并无影响，因为他们能避免过大的价差。因此，透明度提高的唯一获利者为市场中的做市商，而流动性需求较大的投资者反而易遭受损失。

伯默、萨尔和于（Boehmer, Saar & Yu, 2003）发现在纽约证券交易所引入限价订单簿计划后，透明度的提高会使交易价格偏离效率价格的程度变小，股票报酬之间的相关性变小，也就是信息效率性得到提高。

麦达范、波特和韦弗（Madhavan, Porter & Weaver, 2000）以加拿大股票市场的制度变革作为研究对象，结果发现，透明度增加会增加惯性投资者的获利，这将使流动性提供者退出市场，而增加价格的波动性。然而，价格波动性的增加，有可能也会伴随着价格效率性的增加，因为知情投资者在透明的市场能更正确地交易，进而加快了价格发现的过程。

（三）市场波动性

麦达范（Madhavan, 1996）的研究是以价格敏感性（Price – sensitive）来区分订单的内容，价格敏感订单主要来自于投机性投资者及流动性需求者的策略性交易，其包含有关资产价格的信息，因此是价格发现的推动因素。价格不敏感（Price – insensitive）订单则来自于流动性需求者，例如投资组合保险策略的执行者，其下单的动机主要是基于流动性的需求，因而没有包含资产价格的相关信息，它们虽然会造成价格波动，但与价格的发现没有直接关系。当订单不平衡是来自于价格不敏感的订单时，如果能将这种订单信息披露出来，就能吸引投机性投资者及流动性需求者的提交订单，从而消除短暂的订单不平衡和价格波动。

但值得注意的是，下单意愿的披露虽然可以减少市场上的噪声，有利于投资者正确评价证券价格，但噪声交易者的减少会提高市场整体的价格敏感程度，最终提高价格的波动性。尤其是对于交易清淡的市场，其直接后果就是降低市场流动性，并使价格波动性上升。

(四) 对投资者的影响

1. 对一般投资者的影响。

曹、汉施和王（Cao, Hansch & Wang, 2003）针对澳大利亚股票市场的实证结果认为第一档以上的限价订单簿是有信息的，大约提供30%的信息。从第二档到第十档间买卖双方的不平衡对未来的短期报酬有额外的解释力。此外，投资者在制定下单策略时，不仅从订单簿的第一档也从其他订单簿数据中取得信息。

伯默、萨尔和于（Boehmer, Saar & Yu, 2003）发现在纽约证券交易所公开限价订单簿信息后，投资者较不愿意将限价订单交给交易厅投资者，并且订单的取消率上升，从下单到取消的时间缩短，订单的规模变小。

2. 对机构投资者的影响。

费史门和朗斯塔夫（Fisfman & Longstaff, 1992）指出，当券商得知客户下单动机是基于流动性需要时，会倾向以自己的账户与这些客户进行交易，因为与流动性投资者进行交易，远比与知情投资者进行交易，来得安全且有利可图。

凯尔（Kyle, 1985）的经典文献则指出如果不向做市商披露个别订单的信息，仅披露订单总量的信息，则大户、法人或知情投资者的下单将较为积极。

3. 对知情与不知情投资者的影响。

对知情投资者来说，当其进行交易时，会希望市场公开的信息越少越好，以避免其私有信息泄露于交易信息中。然而在这样的情况之下，噪声投资者难免会在与知情投资者进行交易的过程当中遭受损失，因此对噪声投资者来说，市场信息的公开反而较为有利，可以降低其可能遭受的伤害。如果市场上信息不对称严重、拥有私有信息人数较少，当知情投资者拥有重大利多或利空的私有信息时，往往会倾向使用积极的订单完成交易。

一般而言，理论界认为高的信息透明度对某些投资者（例如流动性投资者）有利，而对另外一些投资者（例如知情投资者）不利。例如，麦达范（Madhavan, 2000）研究显示，知情投资者偏好透明度低的交易系统，而流动性的投资者则偏好透明度高的交易系统。格劳斯登（Glosten, 1999）认为透明度降低了逆向选择风险，使得信息更快融入价格（价格效率高），买卖价差更小（逆向选择风险小）。因此，透明度降低知情投资者的福利，增加不知情投资者的福利。

哈里斯（Harris，2003）认为投资者对于透明度存在矛盾的心理，一方面希望高透明以使他们可以观察到其他交易者的意图和行为，另一方面又担心透明度过高导致自己的信息和意图的暴露。一般而言，对市场状况了解最少的人最喜欢透明度高，而对于市场状况了解最多、拥有信息优势的投资者不喜欢透明度高。

布洛姆菲尔德和奥哈拉（Bloomfield & O'Hara，2000）使用博弈理论模型推导出有信息的投资者在低透明度的市场中能够捕捉到早期的订单，并且利用信息优势以获利。因此，对有信息的投资者来说，市场的高透明度是不利的。

第五节　总结分析

信息透明度对于市场质量有一定程度的影响，但是对影响是正面的或者负面的存在争议。持正面观点的学者认为提高市场透明度可以增加市场的流动性与效率性，并降低波动性。但是持反对意见的学者则认为市场透明化反而会降低市场的流动性和效率。

（一）流动性和效率的权衡

透明度降低了市场的不确定性，因此一般而言信息越透明价格效率越高。但是当市场流动性不足时，信息透明度如果太高，噪声投资者将退出市场，而使得价格敏感性变高，流动性降低，价格波动也会增加（Madhavan，1996）。流动性的降低也意味着投资者交易成本的增加。比艾（Biais，1993）也认为在没有私有信息的情形下，报价信息的透明度会增加市场效率性及流动性。布洛姆菲尔德和奥哈拉（1999）以实验研究方法检验交易与报价披露对市场效率、买卖价差以及投资者福利的影响，其研究结果显示交易披露会增加交易价格的信息效率性。

伯默、萨尔和于（2003）分析纽约证券交易所引入公开订单簿对各类投资者的交易策略、信息效率与市场流动性的影响。他们发现：投资者对其下单策略会加以调整以适应这种变化，取消单的比例会增加、下单至撤单的时间会缩短、投资者会提交更小的订单进行交易。但是整体而言，价格效率提高、交易的执行成本降低了。

总体而言，较一致的结论是信息透明度可以促进市场流动性与效率，但是如果太高却会损害市场质量，因此市场中存在一个最优的透明度政策。因此，市场交易信息的透明度有一个合理程度。

（二）交易成本

帕加诺和勒尔（Pagano & Roell, 1996）认为提高订单信息的透明度可以减少不知情投资者的劣势，使其交易成本降低。弗勒德、胡伊斯曼、库代克和马蒂厄（Flood, Huisman, Koedijk & Mahieu, 1999）发现信息不透明的市场由于有较高的搜寻成本，因此开盘买卖价差较大、交易量较低。

巴斯戴尔和索菲亚诺斯（Bacidore & Sofianos, 2002）检验美国与非美国股票的差异如何影响专业会员的市场参与度和市场质量。他们使用纽约证券交易所的数据，发现非美国股票比美国股票有较大的卖价价差、较浅的深度以及较大的波动性。由于美国股票市场的信息透明程度较高，因此该结论证明了信息透明度高的市场，其交易成本和逆向选择风险较低。

西尔瓦和查维斯（Silva & Chavez, 2002）选取墨西哥证券交易所股票与纽约证券交易所股票作为研究对象，研究发现墨西哥股票市场信息不对称程度较高，其信息不对称成分（2.76%）远大于纽约证券交易所股票（0.28%）。相应地，墨西哥证券交易所股票的立即执行成本是纽约证券交易所股票的5倍，而且交易成本的主要差异是由信息不对称引起。因此，他们认为信息不透明的市场结构导致了墨西哥股票市场的高交易成本。

（三）信息透明的缺点

信息太透明可能会使一些不愿意被披露的大户或投资者，因此选择到其他交易所交易，反而对透明度高的交易所不利。此外，披露的信息越多，所需耗费的信息设备或人员处理成本都会很高。

布洛姆菲尔德和奥哈拉（Bloomfield & O'Hara, 1999）以实验研究法检验交易与报价信息的披露对市场效率、买卖价差以及投资者福利的影响，其研究结果显示交易披露会增加开盘时的买卖价差，以及降低做市商参与做市的兴趣。

里昂（Lyons，1996）提高透明度虽然可以使广大投资者实时地获取交易信息，但对做市商却会产生不利的影响。原因是增加交易前信息的披露会减少噪声交易的出现，而使做市商在大宗交易中所承担的风险无法得到弥补。当然，如果信息透明度很低，噪声投资者由于担心风险而退出市场，做市商也会遭受损失。

麦达范、波特和韦弗（2000）发现多伦多交易所在提高透明度后，损害了市场的流动性。此外，在限价订单簿信息公开披露后，执行成本和波动性都增加了。

价格不敏感（Price - insensitive）订单则来自于流动性需求者，其没有包含资产价格的相关信息，因此这类订单的披露可以吸引投机性投资者及流动性需求者的下单，而消除短暂的订单不平衡，降低市场波动性。所以，下单意愿的披露可以减少市场上的噪声，有利于投资者正确评价证券价格，最终提高价格的波动性。但是对于交易清淡的市场，反而会降低市场流动性，并使价格波动性上升。

因此，提高订单内容的透明度对市场质量的影响是双重的。只有在市场具有足够的深度及竞争性时，提高订单内容的透明度才能提高市场流动性和降低价格波动性。否则，透明度的增加反而使得流动性和市场效率，波动性增加。

（四）结论

市场信息透明度对各类型投资者带来不同的影响。就市场整体质量而言，信息透明度高有利有弊，针对不同市场类型和状况，其对流动性、市场效率和波动性的影响可能是不确定的。在一个信息完全公开的市场中，所有的交易信息都公开披露给所有投资者，将消除噪声交易，从而降低市场流动性。此外，虽然过高的信息透明度将使发现的价格更加真实，但是当所有投资者都认为市场的交易价格即为公司的真实价值时，可能再也没有人愿意花费成本收集公司信息，而将完全依靠市场反映的价格信息，结果价格发现功能失灵，导致市场效率降低。

| 第八章 |

订单簿信息透明度提高的影响

国外该领域文献主要以报价驱动市场与连续竞价市场为分析对象,到目前为止研究结论之间还存在较大分歧。因此,本书以中国证券市场为样本,考察在订单驱动市场中,行情揭示"三档"变"五档"后,限价订单簿信息透明度的提高对投资者订单提交行为和市场质量的影响。

深、沪两大交易所于 2003 年 12 月 8 日起调整买卖盘揭示范围,由原来的揭示实时最高三个价位买入申报价和数量、实时最低三个价位卖出申报价和数量变为实时最高五个价位买入申报价和数量、实时最低五个价位卖出申报价和数量,即行情揭示"三档"变"五档"。两大交易所对买卖盘揭示范围的扩大,在一定程度上提高了中国股票市场交易前信息的披露程度,降低了投资者之间的信息不对称,进一步增强了市场交易的透明度。

本章的研究主要发现实施五档行情揭示制度之后:(1)不论是机构投资者还是个人投资者,其下单数量和撤单数量减少,但是订单规模变大;(2)买单和卖单的比例没有明显变化,但是撤单的比例明显减少,主要源于机构投资者撤单减少;(3)市场质量得到改善:一是市场流动性显著提高,二是市场波动性显著降低。

第一节 研究设计

为了研究订单簿信息透明度提高对于市场质量和投资者订单提交行为的影响,本章选取中国证券市场"行情揭示'三档'变'五档'"事件(2003 年 12

月 8 日实施），通过实证研究考察电子订单簿披露程度增加，即交易信息透明度的增加对市场质量和投资者订单提交行为的影响。

通过编制程序计算相关的衡量指标，可以考察实施五档行情揭示制度对投资者订单提交行为和市场质量的影响，从而考察订单簿信息透明度高低的优点与缺点，为制定中国证券市场制度交易信息披露制度，尤其是订单簿的信息披露合理程度提供理论依据。

（一）研究样本选取

考虑到研究需要细致到订单层面才能揭露交易信息透明度对市场的影响，在样本选取上，本章以深圳成份指数成份股为样本，选择 2003 年 11 月 1 日～12 月 31 日共两个月的所有订单（含成交和未成交订单）进行实证分析。

（二）变量定义

信息透明度对投资者订单提交策略主要考察制度实施前后，投资者下达的订单有什么变化，同时进一步考察机构投资者和个人投资者订单的变化，因此设计了相关指标进行分析。另外，信息透明度提高对市场质量的影响主要包括对流动性、市场效率和波动性三个方面，也通过相应的指标进行实证。除了前文已经说明的指标外，本部分用于分析的有关订单特征指标还包括：

(1) 订单数量：某种订单的数量，每提交一张订单记入一次；

(2) 订单规模：该笔成交交易的委托价乘以委托数量，加总算出每只股票每笔平均值；

(3) 订单不平衡：$2 \times$（卖方深度 - 买方深度）/（卖方深度 + 买方深度）$\times 100\%$；

(4) 买单、卖单和撤单比例：每家公司区间内买单（卖单、撤单）数量除以该区间订单总数；

(5) 订单久期：同类型订单（买单或卖单）提交间隔的时间；

(6) 其他指标：例如各区间内各类型订单占所有订单的比例、区分机构投资者和个人投资者的以上各种指标。

第二节 实证结果

观察行情揭示"三档"变"五档"之后相关变量的变动,可以分析订单簿信息透明度对投资者订单提交策略和市场质量(包括流动性、波动性和市场效率)的影响。

(一)投资者订单提交行为变化

从表 8 - 1 可以看到,实施五档行情揭示制度之后,不论对于机构投资者或者个人投资者,其下单数量和撤单数量减少。但是,机构投资者的订单规模变大。此外,机构投资者撤单比例显著降低,个人投资者撤单比例降低则不显著。这表明机构投资者减少了下单的次数,但是加大了订单的买卖数量,即合并了小订单代之以大订单来完成交易。出现这种现象的原因在于五档行情披露之后,投资者掌握了更多订单簿的信息,减少了信息不对称,投资者愿意提交更大的订单进行交易。同时,由于掌握了更多的信息,撤单比例下降,这一点可以从机构投资者的撤单比例降低中看出,因为机构投资者更多地利用行情信息来进行交易,五档披露的改革最直接的受益者就是机构投资者,相比之下,个人投资者撤单比例下降则不明显。

表 8 - 1 五档行情披露后投资者订单提交行为变化统计表

检验项目	五档披露前均值	五档披露后均值	Z 统计量	差异检验显著性水平	是否显著	变化方向
相对买卖价差	2.41	2.27	-2.81	0.00	***	变小
买入深度对数	9.62	10.17	-2.50	0.01	***	变大
卖出深度对数	9.79	10.12	-2.72	0.01	***	变大
流动性指数	17.93	27.98	-1.75	0.08	**	变大
波动性	0.00349	0.00821	-3.21	0.00	***	变小
市场效率系数	0.90	0.89	-2.01	0.04	***	变小
订单不平衡	-125.94	37.87	-1.30	0.19	/	/
订单规模(金额)	23848.25	25528.90	-2.57	0.01	***	变大

续表

检验项目	五档披露前均值	五档披露后均值	Z统计量	差异检验显著性水平	是否显著	变化方向
机构五档前后订单数量	109605.40	80016.70	-3.72	0.00	***	变小
个人五档前后订单数量	3824.10	2699.80	-3.98	0.00	***	变小
机构五档前后订单规模	16525.90	17903.20	-3.04	0.00	***	变大
个人五档前后订单规模	4749.70	5638.60	-0.43	0.66	/	/
机构五档前后撤单次数	18516.00	12674.20	-3.96	0.00	***	变小
个人五档前后撤单次数	459.60	298.00	-3.50	0.00	***	变小
机构五档前后撤单比例	15.87	14.92	-4.16	0.00	***	变小
个人五档前后撤单比例	11.47	12.06	-0.07	0.94	/	/
五档前后买单比例	41.14	41.75	-0.81	0.42	/	/
五档前后卖单比例	45.04	44.37	-0.60	0.55	/	/
五档前后撤单比例	13.82	13.88	-3.80	0.00	***	变小
买单和卖单久期	20.32	17.75	-3.02	0.00	***	卖单小于买单
五档前后买单久期	19.99	23.15	-0.99	0.32	/	/
五档前后卖单久期	18.01	20.67	-0.78	0.43	/	/

注：***、** 分别表示回归系数在5%和10%的置信水平下显著，"/"表示不显著，订单规模单位为元。

其次，实施五档行情揭示制度之后，买单和卖单的比例没有明显变化，但是撤单的比例明显减少，所有43只样本股中有32只股票撤单比例在引入该制度之后降低，非参数检验Wilcoxon符号秩检验的结果显示撤单比例的降低在统计意义上是显著的。

再次，实施五档行情揭示制度前后，不论是卖单还是买单，其久期的差异在统计意义上不显著，即实施该制度前后买单（卖单）到达的时间间隔是没有差别的。但是，总体上看买单久期大于卖单久期，也就是买单之间的间隔时间小于卖单。

最后，实施五档行情揭示制度之后订单不平衡性指标没有显著改变，说明信息披露程度的提高并没有改变买卖双方的力量对比。

（二）对流动性的影响

从表8-1可以看到，实施五档行情揭示制度之后，所有43只样本股的平均相对买卖价差从制度实施之前的 2.41 降为 2.27，买入方与卖出方深度（取对数值）从之前的 9.26 和 9.79 提高为之后 10.17 和 10.12，流动性指数则从 17.93 提高为 27.98，证明了市场流动性显著提高。

所有 43 只样本股中有 32 只股票的相对买卖价差在制度实施之后降低，而只有 11 只股票升高；所有 43 只样本股中有 29（31）只股票的买入（卖出）深度在实施五档行情揭示制度之后升高，而只有 14（12）只股票降低；所有 43 只样本股中有 25 只股票的流动性指数在实施五档行情揭示制度之后升高，而 18 只股票降低。并且这四个指标的非参数检验 Wilcoxon 符号秩检验的结果显示这种改善统计意义上显著。

1. 对波动性的影响。

从表 8-1 可以看到，实施五档行情揭示制度之后，波动性指标显著地降低，即市场的波动性降低了[①]。所有 43 只样本股中有 33 只股票波动性在引入五档行情揭示制度之后降低，10 只升高，非参数检验 Wilcoxon 符号秩检验的结果显示这种波动性的改进是显著的。

2. 对市场效率的影响。

观察实施行情揭示"三档"变"五档"之后市场效率系数（Market Efficiency Coefficient）的变动，可以分析订单簿信息透明度对市场效率的影响。市场效率系数 MEC 是由哈斯布鲁克和沙尔茨（Hasbrouck, Schartz, 1988）首先用来衡量市场质量，在理想的市场中，市场效率系数为 1，市场有效；偏离 1 越远，效率程度越低[②]。

从表 8-1 可以看到，实施五档行情揭示制度之后，市场效率系数显著降低，比没有实施该制度之前的偏离更多（有效市场其市场效率系数为 1）。所有 43 只样本股的市场效率系数的平均值从五档行情揭示制度之前 0.90 降为 0.89；43 只样本股中有 26 只股票的市场效率系数劣于实施之前的系数，非参数检验 Wilcoxon 符号秩检验的结果显示这种改进统计意义上显著。但是，尽管检验认为多数股票市场效率系数降低，但是这种降低从系数值来看并不是十

[①] 虽然所有样本的波动性指标均值在五档行情披露制度之前为 0.00349，之后为 0.00821，但是这只是全部股票的均值，就个股的检验而言，有 33 只股票降低，10 只升高，非参数检验的结果显示这种波动性提高是显著的。

[②] 市场效率系数由方差比率（Variance Ratio 检验）演化而来。如果 VR 大于（小于）1，则可以判定股票收益序列正（负）相关。而 VR 等于 1（接近 1）表明收益序列呈随机游走（接近随机游走）。

分大，平均只下降了 0.01。因此，可以认为实施五档行情揭示制度影响了市场价格发现的效率，但是其产生的影响相当轻微，对市场的损害不是很大。

第三节　总结分析

通过实证研究行情揭示"三档"变"五档"之后相关变量的变动，关于订单簿信息透明度对投资者订单提交策略和市场质量影响主要可以得到以下结论：

1. 实施五档行情揭示制度之后，不论是机构投资者还是个人投资者，其下单数量和撤单数量减少。同时，机构投资者的订单规模变大。这表明机构投资者合并了小规模的订单代之以较大规模的订单来完成交易。

2. 实施五档行情揭示制度之后，买单和卖单的比例没有明显变化，但是撤单的比例明显减少。撤单比例降低主要由机构投资者撤单减少导致，个人投资者撤单减少则不明显。撤单减少是机构投资者从五档行情揭示中获得了更精确的信息，增强了其交易的确定性导致。

3. 实施五档行情揭示制度前后，买单和卖单的久期在统计意义上不显著，即买卖前后买单和卖单到达的时间间隔是没有差别的；订单不平衡性指标也没有显著改变，表明信息透明度的提高并没有改变买卖双方的力量对比。

4. 中国股票市场实施五档行情揭示制度之后，市场质量得到改善：一是市场流动性显著提高，二是市场波动性显著降低。其原因是不包含资产价格信息的订单（价格不敏感订单）被披露之后，吸引了投机性投资者及流动性需求者提交订单，市场流动性得以提高，并因消除了买单与卖单的不平衡而降低了市场波动性。但是，制度实施之后，价格发现效率受到轻微影响。总体而言，该制度实施利大于弊，有利于市场质量的改善。

从实证结果可以看到，提高订单簿信息透明度有利于市场的改善。因此，本书提出以下建议：

1. 适度的订单簿信息透明度，有利于保护中小投资者：中国股票市场散户占很大部分，其在信息获取方面处于劣势，提高交易信息透明度，可给予个人投资者作为决策参考，所有投资者可以掌握委托是否以最好价格成交，促进公平、公开的交易环境。

2. 信息透明度提高,有利助于股市反映出真实合理价格:市场透明化,全体投资者能正确掌握股票的总供给和需求,使订单簿的信息被所有投资者掌握,抑制恶意炒作股价,降低操纵股价的可能。

3. 借鉴黑池发展的经验,在保证交易所市场高透明度的基础上,积极研究能适应大额订单隐蔽交易需求的交易机制,满足市场不断发展的交易需求,完善市场交易结构。

| 第九章 |

中国股票市场交易成本

随着全球资本市场的发展，得益于高效电子交易系统的广泛应用和交易制度的不断改进，世界各股票市场市场绩效不断提高，全球投资者完成交易的成本越来越低。在竞争激烈的投资领域，若干基点的收益就可以成为投资者和基金管理者竞争取胜的关键，决定了谁能够在激烈的竞争中生存下来。一个100亿元的投资基金，如果换手100%，5个基点的交易成本节约就可以为投资者带来500万元的收益。因此，有经验的投资者都努力通过数据分析来降低交易成本，从而创造附加价值，提高投资收益。本章主要针对股市交易成本的度量、国际比较与中国股市交易成本影响因素等方面进行探讨分析。

本章研究发现中国股票市场的交易成本高于全球平均水平，同时持股集中度越低、机构持股比例越低、规模越大和系统性风险越高的股票交易成本越低，说明目前中国股票市场的交易成本主要受到二级市场流通股筹码状况和股票自身规模及风险因素影响，投资者交易决策存在非理性成分，这与我国新兴市场特性有关。

第一节　股票的交易成本度量

在理论和实践中，交易成本的衡量指标同样也是流动性的衡量指标，一般流动性高意味着低交易成本，例如买卖基差与市场冲击成本同时用来衡量市场流动性。因此已有的多种衡量流动性的指标①都可以用来衡量交易成本。正如存在多种衡量流动性的指标，交易成本的衡量方法也没有统一的方法，理论界和实务界都有各自的方法。

股票的显性成本比较容易客观衡量，主要由交易税、交易费、交易佣金构成。隐性交易成本主要包括三部分：一是买卖价差；二是市场冲击成本，该成本又包括两个部分：（1）市场惯性；（2）市场冲击；三是机会成本，即如果提交订单无法执行，将面临可能的损失。在研究中，比较常用指标主要有价差②和市场冲击成本。其中，市场冲击成本是指为满足交易的即时性而付出的成本。对小额交易而言，其付出的成本即买卖价差。对大额交易而言，其付出的成本即交易迅速执行后引起的反向价格变化，也就是说，当迅速执行大额买进订单时会使价格上升，迅速执行大额卖出订单时会使价格下降。衡量市场冲击成本最常用的指标就是市场冲击成本指标③，其表示衡量一定数量（金额）的交易对市场价格的冲击程度。在电子订单驱动的竞价市场，由于交易所在任何时刻均可以观察到限价订单簿（Limit Order Book）中的买卖盘队列，因此可以精确地描绘出每个股票在不同订单量下的流动性成本，德国交易所集团和印度国家交易所均采用这一指标衡量市场流动性。

从深交所的电子订单驱动市场来看，目前绩效报告计算的价差和冲击成本就分别代表以上分析的前两个部分。价差代表了静态的交易成本，对小额交易而言，价差几乎就代表了隐性的交易成本。冲击成本代表了交易对价格潜在的

---

① 现有的衡量指标可以分为四类：价格法、交易量法、量价结合法和时间法。价格法主要是根据宽度出发定义的，主要包括价差衡量指标、价格改善指标、价格自相关模型、方差比率和机会成本模型等。基于交易量的流动性度量方法主要有：市场深度、成交深度、深度改进率和深度改进比例、成交率、换手率等。为了综合考虑深度和宽度，一些文献还给出了结合价格和交易量来衡量流动性的方法，如价格冲击模型和流动性比率等。

② 价差类指标主要有以下三种：（1）买卖价差（Bid - ask Spread），也称为买卖报价差，是指当前市场上最佳卖价和最佳买价之间的差额。买卖价差衡量潜在的订单执行成本。（2）有效价差（Effective Spread）。有效价差反映订单成交的平均价格和订单达到时买卖价差中点之间的差额。（3）实现的价差（Realized Spread），其反映订单执行后的市场影响成本。

③ 其他方法主要还包括两类：（1）流动性比率/价格影响的成本指标，即衡量使价格发生一定程度的变化所需要的交易量（金额）。在同等价格变化幅度（如1%）情况下，若需要的交易金额越大，则市场流动性越好；反之，若需要的交易金额越小，则市场流动性越差。（2）价格冲击模型。学术界也使用价格冲击模型等衡量流动性成本，如凯尔（Kyle，1985）提出的市场深度模型，李等（Lee et al.，1991）提出的买方或卖方发起的超额交易（净交易量）模型，戈劳斯登（Glostern）和哈里斯（Harris，1988）提出的固定和可变交易成本模型，哈斯布鲁克（Hasbrouck，1991）提出的刺激反应函数等。

影响，因而可以用来冲击成本来度量隐性成本方面。深市 2010 年度《绩效报告》结果显示深市有效价差为 14 个基点，可以理解为投资者如果执行一个金额很小的订单，需要付出 0.07% 的隐性成本（即 7 个基点）。10 万元交易的冲击成本为 12 个基点，可以理解为投资者如果完成 10 万元左右的交易，需要付出 0.12% 的隐性成本（即 12 个基点）。

实务领域衡量交易成本有两种主要方法[①]，一种方法是交易量加权平均价格法，计算方法为投资者实际执行价格与加权平均价格之间的差距。另一种方法是到达价格法（Arrival Price），也称为实施陷阱法（Implementation Shortfall），计算方法为大宗交易的平均成交价格与订单提交时的交易价格的差异。这种方法能够更加精确的度量买方交易者与证券经纪商的绩效。对于证券经纪商而言，不可能将在交易日当中接受的订单正好在收盘前执行，因此有学者和实务工作者认为使用交易量加权平均价格算法（VWAP）方法，并不能很好度量证券经纪商（或者交易系统）是否为客户很好地履行了交易。

第二节 交易成本的国际趋势

当前，许多机构通过对交易数据的持续分析为未来决策服务，努力成为市场中的阿尔法创造者（Alpha Creators）。Elkins/McSherry（波士顿道富银行的子公司）是全球最大的养老基金、投资经理、银行、交易所和证券经纪商，其每年提供了全球 50 个国家综合的投资组合的交易成本分析，包括佣金、交易费和市场冲击成本。该公司计算的交易成本目前被许多客户作为信息指引和历史参考资料有效地降低成本。

Elkins/McSherry 通过彭博、路透和 TAQ 系统以及对全球机构、超过 1300

[①] 在实务方面，还有其他一些交易成本衡量方法，例如纽约证券交易所通常采用价差指标和价格改善指标，而纳斯达克往往采用 Amivest 流动性比率、成交速度等指标。国内证券市场采用的是指令驱动的交易制度，没有做市商的存在，国外的一些指标并不能直接拿过来度量国内证券市场的流动性。

个投资经理和 1900 个证券经纪商（Brokers）的调查得出各国交易成本统计数据[①]。根据 Elkins/McSherry 的统计，2010 年全球 50 个国家的交易成本平均值为 32.37 个基点（见表 9-1），低于 2009 年 37.08 个基点的交易成本水平。

表 9-1　　2010 年度全球 50 个国家和地区股票市场交易成本

国家或地区	平均佣金（基点）	平均交易费（基点）	冲击成本（基点）	交易总成本
巴西	18.85	1.93	11.76	32.55
中国	15.43	9.64	32.19	57.26
法国	10.38	0.22	3.04	13.63
德国	10.23	0.21	5.61	16.05
中国香港	14.41	10.00	4.08	28.48
印度	21.41	12.07	5.20	38.67
日本	9.47	0.07	2.86	12.40
韩国	17.71	13.22	6.40	37.33
俄罗斯	9.61	0.05	23.05	32.71
中国台湾	19.89	14.66	7.14	41.69
英国（买入）	10.45	50.00	4.43	64.88
英国（卖出）	10.30	0.07	6.28	16.66
美国	9.99	0.16	3.31	13.46
全球平均	15.58	6.94	9.84	32.37

注：出于篇幅考虑，本表只选列了一些重要股票市场的数据。
资料来源：Elkins/McSherry.

从国际范围来看，股票交易成本持续降低，高频交易推动交易成本降低。机构投资者杂志刊登了 Elkins/McSherry（波士顿道富银行的子公司）的年度交易成本报告，报告重点关注全球范围内高频交易对交易成本的影响。

尽管高频交易存在争议，但是毫无疑问，高频交易因为其高速高交易量给

[①] 目前就市场影响成本的衡量方法尚没有统一的方法。一种方法是交易量加权均价格法，计算方法为投资者实际执行价格与加权平均价格之间的差距。另一种方法是到达价格法（Arrival Price，也称为实施陷阱法，Implementation Shortfall），计算方法为大宗交易的平均成交价格与订单提交时的交易价格的差异。这种方法能够更加精确的度量买方交易者与证券经纪商的绩效。因为对于证券经纪商而言，不可能将在交易日当中接受的订单正好在收盘前执行。使用 VWAP 方法，并不能衡量证券经纪商（或者交易系统）是否为客户很好地履行了交易。Elkins/McSherry 在 2006 年度也提供了以到达价格法计算的证券经纪商排名。

交易成本持续降低带来压力。尽管高频交易的抢跑（Front Running）影响力长期投资者并加大市场波动，但是交易成本持续较低仍然是趋势，在全球多数市场成本在继续降低。日本和瑞典最低，平均才18.34个基点，其次为法国，为18.49个基点。全球平均交易成本比2009年降低8.1%，平均为38.02个基点。美国在其很多年保持了最低交易成本的桂冠，但是2010年失去了这一地位。其中，美国市场中，超过50000股的交易，平均执行时间从2006~2007年度272.6毫秒降至2009~2010年度129.9毫秒。对于1万~5万股的交易，2006~2007年度212.9毫秒降至2009~2010年度124.7毫秒；对于小于1万股的交易，2006~2007年度118.6毫秒降至2009~2010年度75.0毫秒。

冲击成本的降低归功于许多因素，除了市场参与者的分析能力和买方议价能力提高的原因外，证券交易制度和市场环境等因素起了重要作用。新兴国家市场的交易成本却远高于发达国家市场。流动性和信息泄露是新兴市场高市场冲击成本的主要原因。此外，新兴市场的交易佣金高于发达市场的交易佣金。

投资者一方面对高频交易带来的流动性提供感到高兴，但是同时忧虑高频交易者为了发现机构投资者等重要投资者的意图频繁提交一揽子订单等无成交意向的连续下单和撤单带来的麻烦。

高频交易带来的信息泄露和利益冲突问题受到关注。尽管当今的市场结构与高频交易带来一些困惑，但是交易的基础没有改变，只是交易变得更快了。

第三节　中国股市交易成本与国际比较

根据深交所年度《股票市场绩效报告》的分析，2010年深市A股10万元冲击成本指数为12个基点（见图9-1），2009年为14个基点（见图9-2）。深成指成份股的流动性最好，其冲击成本指数仅为7个基点；机构重仓股的流动性次之，其冲击成本指数为12个基点，流动性指数达560万元。

中小企业板的冲击成本指数为11.8个基点。创业板冲击成本指数为13.5个基点，仅略高于深市A股平均水平（12个基点）和中小板平均水平（11.8个基点）。2002~2010年深市A股冲击成本指数呈现下降趋势（8年分别为40、45、51、55、27、16、34、14和12个基点）。

第九章 中国股票市场交易成本

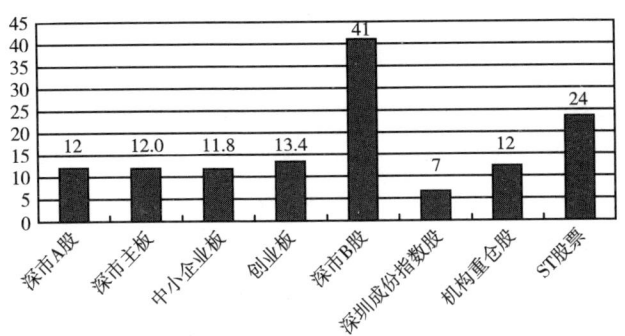

图 9-1 2010 年深市股票的冲击成本指数（10 万元）

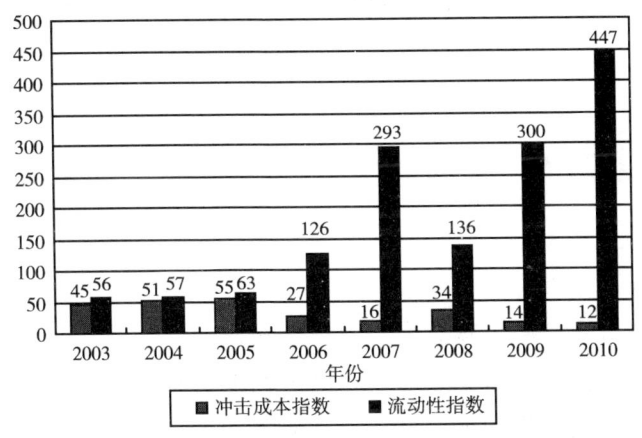

图 9-2 深市 A 股各年度冲击成本指数（10 万元）

综合考虑我国市场显性成本和隐性成本，我国市场投资者的总交易成本处在较高水平，尤其是对经常需要完成大额交易的机构投资者而言，交易成本的影响更为明显。具体分析如下：（1）我国市场股票交易的隐性成本（以 10 万元冲击成本 12 个基点计），高于全球证券市场的平均隐性成本接近（9.8 个基点）[1]，该成本不仅远远高于美国、日本等成熟市场，而且也高于巴西、印度、泰国等新兴市场；（2）将交易印花税与交易所交易费合计，目前中国股票市

---

[1] 值得说明的是，由于各国交易制度的不同，Elkins/ McSherry 对隐性成本（冲击成本）的度量采用交易量加权均价格法。深市 10 万元交易的冲击成本为 27 个基点，可以理解为投资者如果完成 10 万元左右的交易，需要付出 0.27%（即 270 元）的隐性成本。

场交易费为 32.175 个基点[①]，高于全球证券市场平均交易费水平（6.94 个基点，Elkins/McSherry 统计 2010 年数据，下同）；（3）目前中国股票市场的交易佣金规定为上限不超过 3‰（30 个基点），佣金上限水平高于全球证券市场平均交易佣金水平（15.6 个基点）。但在实际执行过程中，券商一般给予一定折扣，实际可能低于 30 个基点。2009 年以来，由于券商竞争激烈，不少券商营业部的佣金水平已经降至 10 个基点以下，接近甚至已经低于全球证券市场平均交易佣金水平接近，但是高于成熟市场水平（美国，10 个基点；日本，9.47 个基点）；（4）按券商佣金平均水平 10 个基点（1‰）、交易费 12.175 个基点和隐性成本（冲击成本）12 个基点估算，我国投资者的总交易成本约为 34.175 个基点，已经与全球证券市场平均总交易费用水平接近（2010 年为 32 个基点）。

第四节 交易成本影响因素的实证研究

目前中国证券市场已经进入了一个新的发展阶段，随着股票市场规模扩大，投资领域竞争越来越激烈，管理交易成本的水平已经开始影响投资管理者的业绩，因此，研究交易成本的影响因素有哪些、如何能够降低交易成本已经成为实务界和理论界的焦点问题之一。本节以深市历年市场绩效报告的交易成本作为实证指标，研究影响中国股票市场股票交易成本的重要因素。研究交易成本的意义在于：（1）提供投资决策参考，有利于投资者选择交易时机、降低交易成本和提高投资收益；（2）为未来的金融衍生品投资提供决策判断依据；（3）提供市场监管的依据，有利于降低交易成本、保护投资者权益。

本章的创新和贡献主要在于：（1）首次系统研究中国股票市场的交易成本影响因素；（2）本章使用了精确的交易成本计算方法，即从订单角度度量市场的冲击成本作为交易成本度量，由于该类数据只在交易所保留，目前国内

[①] 2008 年 4 月 23 日起印花税由 3‰ 降低至 1‰，因此目前我国证券市场 A 股股票的交易印花税单向为成交金额比例的 1‰（10 个基点，单向）；交易所交易费大约为 0.2175‰（2.175 个基点），其中交易所经手费 0.1475‰，风险准备基金 0.03‰，监管费 0.04‰；交易佣金为起点人民币 5.00 元、上限不超过 3‰（30 个基点）。

的研究尚很少采用精确的交易成本度量方法。本节以深交所所有股票 2006 年的交易数据为研究样本，实证检验中国股票市场影响股票交易成本的主要因素。研究表明中国股票市场的交易成本高于全球平均水平，同时持股集中度越低、机构持股比例越低、规模越大和系统性风险越高的股票的交易成本越低，说明目前我国市场股票的交易成本主要受到二级市场流通股筹码状况和股票自身规模及风险因素影响，投资者交易决策存在非理性成分，这与我国新兴市场特性有关。其他因素，包括大股东持股比例、市盈率、收益率、盈利能力、现金充裕程度、成长性、是否为成份指数股和行业因素没有明显影响股票交易成本。

总体而言，在我国市场中，股票交易成本受到风险因素影响，与股票投资价值紧密相关指标与交易成本却无关，表明我国市场股票自身的投资价值和属性并没有受到投资者充分重视，投资者对一些系统性风险高的股票存在投机交易需求，投资者的交易决策存在非理性成分，交易往往出于投资价值之外的考虑。

（一）文献回顾

交易成本在市场微观结构领域中是一个非常重要的问题，其是流动性的直接衡量指标，也是衡量市场绩效的主要标准。交易成本和交易时间决定了证券市场的流动性，进而影响到投资者根据市场信息改变投资组合的速度和能力，最终影响市场效率。以往的研究也表明，平均执行成本较低的交易，往往伴随着执行之后的价格波动较小（Huang，2002；Lipson，2003）。交易成本主要分为两个部分，显性成本和隐性成本：显性成本是指直接的交易费用，主要包括税收、经纪商佣金以及监管费用等；隐性成本是指间接的交易成本，主要是交易对价格的影响，可以用实际成交价格偏离该"未受干扰"价格的程度来衡量隐性的交易费用。显性成本比较容易客观衡量，主要由交易税、交易费、交易佣金构成，而隐性成本可以由冲击成本（衡量一定金额的交易对市场价格造成的冲击程度）来度量。

国外已有大量的文献对订单的交易成本展开了研究，主要包括三个方面：（1）交易成本的影响因素。目前一般认为除显性交易成本外，隐性交易成本主要与波动性成正比，与交易量和价格成反比（Tinic & West，1972；H. Stoll，

1978）。（2）比较不同证券市场上的订单交易成本（Bessembinder，1999；Bessembinder，2003a；Bessembinder & Kaufman，1997；Huang & Stoll，1996）。例如，本赛明（Bessembinder，1999）比较了纽约证券交易所和纳斯达克的交易成本，发现纽约证券交易所的交易成本低于纳斯达克，但本赛明（Bessembinder，1999）也指出，除交易制度原因外，还存在下列原因：一是纳斯达克市场上市公司特性，纳斯达克市场大多数是小型或成长型公司；二是做市商之间竞争不充分，可能存在串通、共谋的现象。巴克莱、坎德尔、马克思（Barclay, Kandel & Marx，1998）发现，从纳斯达克转到美国证券交易所（AMEX）上市的股票，其买卖价差明显降低。（3）研究单个市场中某些交易主体的订单交易成本（Battalio, Greene & Jennings，1997；Battalio, Hatch & Jennings，2003）。格劳斯登和米尔格雷姆（Glosten & Milgrom，1985）等研究了执行成本与指令流的信息含量之间的关系，发现交易指令的执行成本反映了交易的信息含量，信息含量少的交易具有较低的执行成本。琼斯和利普森（Jones & Lipson，2003）的研究发现个人投资者订单执行成本比机构投资者更具有优势，个人投资者的订单对价格形成的影响要小于机构投资者的订单的价格影响。PLEXUS GROUP（1998）研究结果表明，执行规模较小指令的交易成本要比执行规模较大指令的交易成本高4倍①。

国内方面，苏冬蔚（2004，2005）用报价价差来度量执行成本，比较了A股与B股交易的执行成本以及研究了执行成本与股票预期收益的关系。另一部分文献研究了中国股市报价价差的特征及其影响因素（屈文洲和吴世农，2002；孙培源和施东晖，2002；杨朝军、孙培源和施东晖，2003；周开国、李涛、柴俊，2006）。

然而，国外研究有关交易成本的研究对象是美国做市商或者混合交易制度市场的，而我国是电子订单驱动市场，国外研究的结论不能完全用于我国市场，这个我国的相关研究还不够系统。交易成本的研究对于评价市场绩效和投资者评估交易成本非常重要，因此，有必要深入研究我国市场影响股票交易成本的因素。

本章综合国内外理论和实践，结合《绩效报告》冲击成本，选取冲击成

---

① PLEXUS GROUP 是美国一家专门监管交易成本的投资顾问公司，负责为客户分析设计交易成本和交易管理，其客户主要客户180多个，包括投资者、经纪人和证券交易所等，遍及世界68个国家和地区，其客户管理着近4.5万亿美元的金融资产。

本指数作为度量交易成本的指标实证分析相关问题。本章采用的市场冲击成本的具体含义与计算如表9-2所示。

表9-2　　　　　　　　　　　指标计算说明

指标	理论含义	方向说明	计算说明
冲击成本指数	是指完成一定金额的交易（10万元）对市场价格造成的冲击程度，以虚拟加权平均成交价格偏离最优报价中点的百分比衡量。	冲击成本指数越大，说明交易的成本越高，该证券的流动性越差。	连续竞价期间每1分钟采样一次。

设 $B_1,B_2,B_3,B_4,\cdots,B_n$ 与 $Bq_1,Bq_2,Bq_3,Bq_4,\cdots,Bq_n$ 分别为 t 时刻限价订单簿中价格由高至低排序的各买盘的价格和数量，$S_1,S_2,S_3,S_4,\cdots,S_n$ 与 $Sq_1,Sq_2,Sq_3,Sq_4,\cdots,Sq_n$ 分别为 t 时刻限价订单簿中价格由低至高排序的各卖盘的价格和数量，那么买入 Q 金额的股票的冲击成本指数计算公式为：

$$\text{买入冲击成本指数} = LN\left(\frac{Q/\left[\sum_{i=1}^{n-1}Sq_i + (Q - \sum_{i=1}^{n-1}S_i \times Sq_i)/S_n\right]}{(B_1+S_1)/2}\right)$$

其中：$\sum_{i=1}^{n-1}B \times Bq_i < Q \leq \sum_{i=1}^{n}B \times Bq_i$；$LN$ 为自然对数符号。

卖出 Q 金额的股票的冲击成本指数计算公式为：

$$\text{卖出冲击成本指数} = LN\left(\frac{Q/\left[\sum_{i=1}^{n-1}Bq_i + (Q - \sum_{i=1}^{n-1}B_i \times Bq_i)/B_n\right]}{(B_1+S_1)/2}\right)$$

其中：$\sum_{i=1}^{n-1}B \times Bq_i < Q \leq \sum_{i=1}^{n}B \times Bq_i$。

冲击成本指数即为买入冲击成本指数和卖出冲击成本指数的平均值。

（二）样本的选取

本研究主要根据深交所《绩效报告》计算所得到的交易成本指标进行实证，其交易成本的计算选取了2006年深交所全部上市股票为计算样本，计算所需的逐笔数据来自深交所中心数据库存储的所有股票全部订单的逐笔订单、成交数据和行情数据。报告对所有证券计算期内每日每笔订单达到时的买卖订单队列进行了交易重演，并在此基础上计算有关指标。

指标的计算分为以下三个过程：（1）交易重演计算：根据成交明细、订单明细以及交易参数，还原出证券在每个交易时刻的行情数据，包括成交数量、成交价格、最高价格、最低价格以及当时的买卖队列；（2）成交分时采样：根据成交表，生成相关统计指标；（3）绩效指标计算：根据需求定义指标算法，完成交易成本指标的统计。

（三）研究假说

根据中国股票市场的特点，本书提出以下待检验的假说（见表9-3）。

表9-3　　　　　　　　　　模型检验假说

指标	检验假说	假说名称	代理变量	检验结果
1	假说一	大股东控制假说	大股东持股比例	×
2	假说二	持股集中度假说	户均持股比例	√
3	假说三	机构持股集中度假说	机构持股比率	√
4	假说四	市盈率假说	市盈率（PE）	×
5	假说五	规模假说	总市值	√
6	假说六	收益率假说	平均收益率	×
7	假说七	风险假说	Beta	√
8	假说八	现金流量假说	每股现金流量	×
9	假说九	盈利能力假说	净资产收益率（ROE）	×
10	假说十	成长性假说	主营业务收入同比增长率	×
11	假说十一	成份股假说	是否属于沪深300成份指数	×
12	假说十二	行业假说	根据证监会行业分类（13个行业）设置12个哑变量	×

假说一，大股东控制假说：第一大股东持股比例越低，股票的交易成本越低。

大股东持股比例越高，其对股票的影响力越强，因此其潜在交易成本可能越高。

假说二，持股集中度假说：持股集中度越低，交易成本越低。

股票的持股集中程度越高，市场上愿意交易的股票数量越少，其交易成本越高。

假说三，机构持股集中度假说：机构持股比例越低，交易成本越低。

股票的机构持股比例程度越高，股票筹码越集中，市场上愿意交易的股票数量越少，其交易成本越高。

假说四，市盈率假说：股票市盈率越高，交易成本越低。

市盈率高的股票，往往是受追捧程度较高的股票，其流动性越好，交易成本越低。

假说五，规模假说：股票规模越大，交易成本越低。

股票的规模越大，可供交易的股份数量越多，流动性越好，交易成本越低。

假说六，收益率假说：股票区间内收益率越高，交易成本越低。

股票区间内收益率越高，一般意味着换手率越高，流动性更强，其交易成本越高。

假说七，风险假说：股票的风险越大，交易成本越低。

股票的系统性风险越高，其随市场变化而变化的程度越强，交易越活跃，交易成本越低。

假说八，现金流量假说：现金流量越高，交易成本越低。

股票的现金流量越高，其流动性和经营情况越好，投资者越愿意交易，交易成本越低。

假说九，盈利能力假说：盈利能力越强，交易成本越低。

股票的盈利能力越强，其经营情况越好，投资者投资意愿越强，交易成本越低。

假说十，成长性假说：成长性越好，交易成本越低。

股票的成长性越好，其未来前景越高，投资者越愿意购买，交易成本越低。

假说十一，成份股假说：指数成份股股票的交易成本低于非成份股的交易成本。

指数成份股股票一般更加受到投资者追捧，其交易成本应该较低。

假说十二，行业假说：不同行业股票的交易成本不同。

不同行业股票因处于不同行业周期，投资者偏好程度也不同，因此，交易成本存在区别。

(四) 实证结果与分析

从表9-4可以发现，持股集中度假说、机构持股集中度假说、规模假说和风险假说四个假说被证实，其余假说没有被证实。

表9-4　　　　　　　　　　交易成本实证模型结果表

假说	检验变量	估计系数	T值	显著性水平
	常数项	0.00767764*	7.35	0.00
假说一	大股东持股比例	-0.00000123	-0.68	0.50
假说二	户均持股比例	0.00205211*	2.03	0.04
假说三	机构持股比率	0.00000625*	2.48	0.01
假说四	市盈率	0.00000011	0.58	0.56
假说五	总市值	-0.00029167*	-5.95	0.00
假说六	平均收益率	-0.00000044	-1.37	0.17
假说七	Beta	-0.00020569*	-1.97	0.05
假说八	每股现金流量	0.00000428	0.09	0.93
假说九	净资产收益率	-0.00000009	-0.47	0.64
假说十	主营业务收入同比增长率	-0.00000005	-0.44	0.66
假说十一	是否属于沪深300成份指数	-0.00003827	-0.50	0.62
假说十二	根据证监会行业分类（13个行业）设置12个哑变量	12个哑变量的系数均在5%水平不显著		
DW	1.73			
调整 R^2	0.49			
F	8.21			
Prob > F	0.000			

注：*表示在5%的水平显著。

本章模型的结果表明，持股集中度越低、机构持股比例越低、规模越大和系统性风险越高的股票的交易成本越低。其他因素，包括大股东持股比例、市盈率、收益率、盈利能力、现金充裕程度、成长性、是否为指数成份股和行业因素没有明显影响中国股票市场股票的交易成本。

从实证结果来看，目前我国股票的交易成本主要还是受到二级市场流通股筹码状况和股票自身规模及风险因素影响，这与我国新兴市场的特性相关。值得注意的是，在我国市场中，股票交易成本受到风险因素影响，与股票投资价值紧密相关指标与交易成本却无关，表明我国市场股票自身的投资价值和属性并没有受到投资者充分重视，投资者对一些系统性风险高的股票存在投机交易需求，投资者的交易决策存在非理性成分，交易往往出于投资价值之外的考虑。

此外，目前中国股票市场交易成本过高的原因主要在于：（1）投资者结构不合理，机构投资者投资风格趋同，导致市场冲击成本较高和深度较浅；（2）我国市场是一个正处于发展过程中的新兴市场，信息不对称等原因导致市场冲击成本上升；（3）证券品种单一，又没有融资融券和金融衍生产品等做空机制，阻碍了市场的价格形成，影响了市场流动性；（4）最小报价单位固定，随着公司股价上升，披露报价上堆积的订单减少，增加了市场冲击成本；（5）交易机制不够灵活和丰富，对于流动性较差的证券缺少做市商制度，订单类型也有待丰富；（6）国内多数上市公司规模不大，大型上市公司数量有限，势必导致部分证券交易不活跃，冲击成本较高。

（五）结论与建议

前文分析已经指出，相对成熟市场，我国市场投资者的总交易成本处在较高水平。从国外经验来看，降低隐性交易成本主要通过以下几方面的措施：（1）丰富投资者群体，形成差异性投资风格，提高市场流动性，起到降低隐性成本的作用；（2）通过降低信息不对称提高市场流动性，从而降低隐性成本；（3）建立合理的大宗交易制度，完善价格形成机制，降低大宗交易的流动性成本；（4）实施灵活交易机制以活跃交易，对于流动性较差的证券采用做市商制度，或者为不同投资者提供差异性订单方式。

结合本章实证结果和国外经验，中国股票市场可以逐步采用以下几方面措施来降低市场交易成本：

1. 培育差别化的机构投资者队伍。

实证结果表明，持股集中度低、机构持股比例越低股票的交易成本越低，其原因是我国以基金为代表的机构投资者种类单一，主要以基金为主，其交易动机、持股风格和风险偏好接近，这类机构投资者交易活跃程度远低于个人投资者,以深市主板为例,2006 年 12 月机构投资者持有市值已经接近 40%,但是同期机构投资者成交金额只占 16% 左右,这将极大影响市场流动性,提高交易成本。因此,应该进一步培育投资风格差异、风险偏好不同和投资期限有差别的机构投资者群体,建立合理的投资者结构。

2. 加强上市公司信息披露,提高交易信息深度和即时性。

信息不对称是导致低市场绩效的重要原因之一。实证结果也表明大规模公司的交易成本高于小规模公司,主要原因就是大规模公司往往受到投资者更多关注,其信息对称程度要高于小规模公司。因此,应该继续努力提高上市公司信息披露的透明度,建立信息实时发布机制。同时,进一步提高市场交易信息深度和即时性:(1)丰富即时行情深度信息,如即时揭示所有买卖盘信息、逐笔成交行情等;(2)逐步缩短行情刷新时间,以提高交易信息的即时性。

3. 研究和论证降低交易成本的可行方法。

前文分析表明,综合考虑我国市场显性成本和隐性成本,我国市场投资者的总交易成本处在较高水平,而全球其他股票市场的交易成本在过去 10 年下降了 25% 至 2006 年 44.44 个基点。因此,应该积极研究和论证降低中国股票市场交易成本的方法,不应该简单通过提高显性交易费用的方法来抑制投机性交易,最终使中国股票市场交易成本维持在合理水平,保护投资者权益。

4. 优化交易制度,完善交易机制。

微观结构理论表明,良好的交易制度可以有效降低交易成本。中国股票市场已经建立了高效的电子订单驱动的交易系统,进一步工作可以集中在优化大宗交易制度、建立盘后定价交易制度,丰富订单类型,建立基于股价区间的最小报价单位制度、建立做市商制度等方面。截至 2006 年年底机构投资者总体持股比例已接近 40%,为适应机构投资者日益壮大的趋势,中国股票市场有必要进一步完善大宗交易制度,建立盘后定价交易制度,并推出一揽子订单、止损订单等订单方式,满足机构投资者交易方式多样化的市场需要,减少机构投资者大额交易对市场的冲击成本。此外,随着公司股价上升,由于最小报价单位固定,披露报价上堆积的订单减少,深度降低、市场冲击成本上升,根据股价绝对值区间建立差异化的最小报价单位制度则可以减少隐性交易成本。

5. 加强投资者教育,提倡理性投资理念。

本章的实证表明,我国市场股票交易成本受到风险因素影响,系统性风险越高的股票,其交易成本反而越低,其他与股票投资价值紧密相关指标与交易成本却无关。这个现象与我国新兴市场的特性有关,表明我国市场投资者对一些系统性风险高的股票存在投机交易需求,股票自身的投资价值和属性并没有受到投资者充分重视,投资者的交易决策存在非理性成分。因此,应该继续加强投资者教育工作,大力提倡理性的投资理念与风格。

| 第十章 |

数量化交易[*]

数量化交易（Quantitative Trading）在海外成熟市场已有30余年的发展历史，其规模正在不断扩大并已经逐渐成了主流投资方式之一。

第一节 数量化交易概念与现状

数量化交易从广义上讲，是指投资者利用计算机技术、金融工程建模等手段将自己的金融操作方式，用很明确的方式去定义和描述，用以协助投资者进行投资决策，并且严格地按照所设定的规则去执行交易策略（买、卖）的交易方式。

（一）数量化交易概念

按照数学模型的理念和对计算机技术的利用方式，数量化交易方式可以进一步细分为自动化交易（Automatic Trading）、数量化投资（Quantitative Investment）、程序化交易（Program Trading）、算法交易（Algorithmic Trading）以及高频交易（High Frequency Trading）。这五种数量化交易方式的侧重点各有不

---

[*] 本章内容主要参考自王焕然（本书资助基金课题组成员之一）执笔的《数量化交易：现状与挑战》。

同，是数量化交易技术发展到不同阶段的产物。但在现实世界中，这五个数量化交易的名词经常被交叉使用。

自动化交易，是将技术分析投资方式固化成计算机可以理解的模型、技术指标，计算机程序根据市场变化自动生成投资决策并付诸执行的交易方式。简而言之，自动化交易是技术分析投资方式的自动化。自动化交易可以避免投资人的心理变化和情绪波动，严格地执行既定策略，是最基本的数量化交易方式，在外汇交易和期货交易领域应用很广。

数量化投资，是指利用计算机分析宏观经济、行业，以及公司的基本面数据，选择投资组合的资产配置，并通过数学模型预测组合未来变化的数量化交易方式。简而言之，数量化投资是基本面分析投资方式的自动化。数量化投资可以帮助投资人在越来越多的信息中选择实质性关键信息，并转化成投资决策，在股票投资领域应用广泛。量化投资针对海量的数据进行多层次、多角度的分析处理：分析宏观经济数据进行资产配置；分析市场结构数据进行行业选择；分析公司的基本财务数据、分析师盈利预测等数据进行股票选择；分析市场情绪和技术指标进行时机选择。量化投资是在信息爆炸时代对传统投资方式的革命性改进，强大的定量投资信息处理能力可以捕捉更多的投资机会，拓展更大的投资空间。

算法交易，是指把一个指定交易量的买入或者卖出指令输入计算机模型，由计算机模型根据特定目标自动产生执行指令的时机和方式。订单执行的目标基于价格、时间或者某个基准。算法交易通过计算机模型，将一个大额的交易拆分成若干个小额交易，以此来减少对市场价格造成冲击，降低交易成本。算法交易有时被称为"黑箱交易（Black Box Trading）"。算法交易的概念是交易执行精细化发展的结果，算法交易侧重于投资策略的执行，而自动化交易和数量化投资的概念着重于投资决策。因此算法交易可以与自动化交易和数量化投资配合使用。

程序化交易，是伴随股指期货与现货市场套利交易而兴起的数量化交易方式。纽约证券交易所把程序化交易定义为包含15只或15只以上的指数成分股的组合交易，其价值超过100万元，且这些组合交易是同时进行的。简单地说，程序化交易就是同时买进或卖出一篮子股票。同时买进一篮子股票被称为程序化买进，同时卖出一篮子股票被称为程序化卖出。按照纽交所的规则，程序化交易的对象涉及纽约证券交易所的指数成分股票和它们相应在芝加哥期权交易所（CBOE）、芝加哥商品交易所（CME）等处交易的股票期货、期权和指数期货、期权合约。程序化交易的概念侧重于套利。

随着数量化交易技术的深入发展，程序化交易和算法交易的界限逐渐模糊，市场使用高频交易来描述当前流行的数量化交易方式。

高频交易，源于程序化交易和做市商机制，是指透过极高速的超级电脑分析高频交易数据中的价格变化模式，并利用这些价格变化模式获利。通常，高频交易利用服务器的地理位置优势（Co – Location①），在相对更快的时间内获得市场行情和执行大量交易指令，从而取得普通交易方式难以获得的利润空间。近年来，除了信息技术使交易速度不断加快之外，交易平台日趋多元化也使得高频交易成为可能。目前，高频交易的成交量现在约占美国股票市场成交量的70%。

与高频交易相伴随的一个交易服务称为闪电交易（Flash Trading）。**闪电交易**是美国市场上交易所为高频交易商提供的一种特殊服务，是指股票交易传达到公众约30毫秒前，先显示给定制有关服务的交易员。如果是高频交易员，几十毫秒之差已足以让他们较其他人早完成交易行动。2009年9月，美国证监会因为闪电交易明显有失公平，停止了交易所的闪电交易服务。

（二）数量化交易产生的背景

20世纪90年代以来，新技术的广泛应用，传统交易方式下利润空间的减少，监管机构对于订单"最优执行"的规定，以及对冲基金行业的兴起都成为推动算法交易日益增长的动力。

第一，进入80年代后期及90年代，电子化的交易方式使数量化交易成为可能，尤其对于交易所交易的标准产品。同时，OTC市场上交易的金融工具，如国债等，也在金融电子化的浪潮下逐渐规范化，逐渐走向类似交易所的标准化交易方式。这为数量化交易的发展提供必要的前提。

第二，电子交易方式的广泛运用使得市场更加透明、高效。随着市场参与者的增多，买卖价差逐渐缩小，做市商的传统利润空间逐渐消失。在美国，百

---

① Co – Location是指将高频交易的服务器设备与交易所的交易主机安放在同一建筑物内，以此获得信息获取速度和交易延迟方面至关重要的优势，从而比市场其他投资者超前交易（Front – run Trading）。

分位报价改革（Decimalization）把每股的最小变动价位从 1/16（0.0625）美元变为 0.01 美元。这改变了市场的微观结构，让买卖竞价价差可以变得更小，遏制了做市商的交易优势。因此投资银行行业开始利用先进的技术手段进行大量交易以弥补损失。

第三，政府监管法规推动。2007 年 3 月，修改后的美国国家市场系统管理规则（Reg NMS）开始生效。出于使证券交易市场现代化、标准化的目的，Reg NMS 规定了适价成交规则，即客户下订单时，经纪商均需按照当时的最优价格将客户订单发送到证券交易所。该规则的推行，促使纽交所以及费城、波士顿等仍然采用人工交易方式的交易所加速推进电子化。为实现"最佳执行"的要求，经纪商需要实时处理大量的数据以在最短的时间做出合规的决策，客观上推动了算法交易的深入发展。

（三）国际数量化交易总体情况

在美国股票市场上，过去三年，数量化交易推动美国股票交易所成交量增加了 150% 以上，现在已占到每日成交量的 70%，且仍在上升。数量化交易在国际股票市场的异常活跃具有如下原因：第一，股票市场产品相对集中。相对于期权产品和公司债券产品，股票产品数量少，因此具有更高的周转率，这有利于数量化交易的实施。第二，股票市场上，买卖价差与波动率的比相对更高，有利于数量化交易发掘额外利润。第三，股票产品在交易所进行交易，电子化交易方式相对成熟。

在债券市场上，由于市场内生机制的原因，数量化交易的发展遇到了很大的困难，数量化交易占比仅不到 10%。债券市场上难于开展数量化交易的主要原因是缺乏透明性和成熟的电子化交易机制。特别对于公司债产品，缺乏活跃的市场参与者为开展数量化交易带来了巨大的流动性风险。

在期货和期权市场上，因期货、期权产品的定价具有天然的数量化特征，针对这类产品的数量化交易更为活跃。粗略统计，期货、期权等金融衍生品市场上的数量化交易活动已经占到 50%～70%。

在外汇市场上，虽然电子交易特性和高流动性天然适合数量化交易，但是外汇市场上的数量化交易活动并没有股票市场活跃，尚未达到总交易活动的 2/3。随着金融国际化的增强，外汇交易在组合管理和获取超额利润中的作用也日益增强，外汇交易中的数量化交易活动必定会日益活跃。

(四) 做市商与数量化交易

做市商通过为交易产品提供买卖报价服务而赚取交易产品的买卖价差。数量化交易方式的急速扩张，冲击了传统的做市商报价手段，并为新型做市商提供了发展良机。数量化交易对于做市商的应用包括：

第一，金融产品定价。随着现代金融学的发展，定价理论在高流动性的成熟市场上得到广泛应用。在期权定价领域，做市商的交易系统会报出数百个期权合约的成交情况及 Delta、Vega、Gamma 等参数。基于各种定价模型，做市商建立了大量的程序化交易体系，融合了产品与做市商的理念，兼顾提高市场流动性，为金融产品提供合理的报价。

第二，做市商的风险控制。做市商是衍生品市场尤其是期权市场不可缺少的市场主体，由于其目标不是承担风险的盈利，而是在风险为零的情况下获得市场差价以及手续费，他们在接到一个报价后要立刻从反方向做出一个对冲交易。因此，开发交易系统、评估市场的风险因子，并进行对冲交易是目前做市商做市行为的主流。

盈透公司（Interactive Broker）就是这样一个典型应用。该公司创建了连接全球股票和衍生品的电子通信网络，开发出一套技术领先的算法交易系统，并成功地为纽交所、芝加哥交易所的期权、期指等衍生品做市。目前盈透已成为全球最大的衍生品做市商之一，拥有 27 亿美元资本，在世界上 70 多个交易所进行着电子化交易，经营证券 9400 种。

第二节 算法交易

算法交易产生的背景来自于机构投资者节约交易执行成本的动力。算法交易方式可以把交易指令按照计算机算法拆分，从而让下单指令在更有利的平均价位上成交。同时，数量化交易成为昂贵的传统交易员的安全可靠的替代品。常用的基准价则是成交量加权平均价（VWAP）。

当前算法交易或自动化交易系统在芝加哥商品交易所（CME）市场上变

得越来越普遍，根据美国芝加哥商品交易所的统计，外汇期货交易量中算法交易的占比最高，有将近63%的外汇期货的成交的电子订单和84%的订单（包括交易和未完成交易的）涉及算法交易，非金融交易中的算法交易发展相对较慢，金属算法交易占比仅仅为成交量的27%和订单的66%，能源交易对应的数据分别为18%和72%。

（一）算法交易概念和主要目标

简单地说，算法指为达到一定目的或完成一项任务而事先设定好的逐步程序①。算法交易即指自动化的订单执行方法，其目的在于获取（More Favorable Fills），交易量加权平均价格方法是其首例应用。然而，近几年该定义范畴已经扩展到基于任何目的的自动化交易系统。表10-1给出了学术界和监管机构对算法交易定义的界定。

表10-1　　　　　　学术界和监管机构对算法交易定义的界定

学术界对算法交易的定义		
作者	时间	定义
Domowitz & Yegerman	2006年	算法交易是指凭借直接市场访问渠道的自动化的基于计算机的证券订单执行。
Gsell & Gomber	2006年	算法交易通过电子方式，模仿经纪商的核心竞争力，即将大订单切片成多个小订单，然后对这些小订单进行择时以最小化市场影响。
Prix, Loistl, & Huetl	2007年	算法交易是指受控于算法的计算机化的交易。
Chaboud, Benjamin, Hjalmarsson, & Vega	2009年	计算机算法以高频率直接管理交易过程。在算法交易中，计算机直接与交易平台对接，在无人工干预的情况下提交订单。计算机以高频率观察市场数据和其他信息，基于内置的算法，通常在几毫秒的时间内送回交易指令。大量算法已被采用，例如，一些算法关注套利机会，一些算法寻求以最小的成本最优执行大订单，一些算法实现较长期交易策略以追求利润。在算法交易的最新进展中，现在有些算法已能够先于经济学家自动阅读和解释经济数据发布，并生成交易订单。

① 该定义来源于将代数和算法概念引入欧洲数学的8世纪著名数学家阿卜杜拉（Adu Abdullah）。

续表

学术界对算法交易的定义		
作者	时间	定义
Foucault, Kadan, Kandel	2009年	算法交易是指监控和订单提交的自动化。
Elvis & Snape	2010年	算法交易是指采用计算机算法执行人脑生成的，预先设计好的交易决策，并且特别设计以便最小化价格影响。
Brownlees, Cipolliniy, & Gallo	2010年	过去几年算法交易得到了广泛发展，这些算法的目的是通过策略性地提交订单来改善订单执行；基于计算机的模式识别允许即时的信息处理，采取相应的行动并只需有限的人类判断和人为干预。
Hendershott & Riordan	2011年	算法交易是指利用计算机算法自动做出交易决策、提交订单并在提交后管理这些订单。
监管机构对算法交易的界定		
监管机构	时间	算法交易的界定
欧洲证券监管委员会（CESR）	2010年	算法交易或者黑盒交易，是借助计算机程序的使用进入订单，凭借计算机程序决定订单的各个参数，比如时机、价格、申报数量等。
澳大利亚证券与投资委员会（ASIC）	2010年	算法交易是指自动化电子化的交易活动，其参数由预先确定的规则设定。
荷兰金融市场管理局（AFM）	2010年	算法交易是一个集合术语，包含所有订单由预编程的规则集（即算法）生成的策略。
欧盟委员会	2010年	算法交易可定义为使用计算机程序进入交易订单，其中计算机算法决定了订单执行的诸方面，比如订单的时机、申报数量和申报价格。

虽然算法交易多种多样，但都建立在一个基本框架之上。所有算法交易的关键是业绩基准，而算法交易的关键在于选取一个与目标相符的参考基准，且包括历史和当前的市场数据在内的数据输入，与上述基准一起支撑了算法交易的整个框架，驱动算法交易的运行。算法交易还有两个重要的数学假设，其一是股票收益服从对数正态分布，这一分布假设的吸引力在于其能准确模拟随机发生的现象，而且应用方便；其二是数据的统计相关性，通过对历史高频数据的分析来发现算法交易的机会。在运用算法交易时，订单流动可预测性、订单执行的信号效应以及流动性影响都是需要考虑的因素。

设计算法交易时候，采用算法交易的最佳时机是很难确定的，交易目标与基准相符、深入了解其背后的假设前提和模型以及熟悉算法交易在不同市场条件下的运作都是必须注意的。

算法交易主要目标是降低执行成本。投资者，特别是机构投资者，在进行证券交易时，由于交易量较大，除了手续费和交易税等确定性成本外，还必须考虑执行成本。执行成本主要包括：第一，**机会成本**。从做出证券决策到在市场上发出买卖指令，这段时间内该证券价格会变化。第二，**冲击成本**。由于该证券流动性有限，投资者期望一次成交的量，很难全部成交或需要分多次成交，并且交易指令会使证券价格向不利方向变动，产生冲击成本（Impact Cost）。

（二）常用的算法交易策略

算法交易综合考虑投资者需要执行的股票数量、市场的总交易量、股票的波动率、股票的流动性风险，以及冲击成本的估计误差等相关因素，选择合适的业绩基准与优化目标，通过最优化方法计算出适合投资者最优的交易策略，以降低投资者的执行成本。

最常见的四种订单管理算法为交易量加权平均价格算法（VWAP）、时间加权平均价格算法（TWAP）、执行差额以及交易量参与（Volume Participation）。交易量加权平均价格算法（VWAP）将订单分拆以使得大部分订单的成交价格等于或优于日交易量加权平均价格，主要为了防止因为超过正常水平的交易量以至于影响当前交易的价格，从而增加交易成本。时间加权平均价格算法（TWAP）的机理与交易量加权平均价格算法（VWAP）技术类似，不同之处在于其目标是使订单成交价格优于日时间加权平均价格，根据特定的时间间隔，在每个时点上平均下单。第三种是执行差额算法，该算法通过追踪短期价格动量指标，并提出噪声因子，以获取最优的订单成交价格，同时保证入向订单的平衡，以降低市场冲击成本，是综合考虑市场冲击成本和风险两个因素而得出的最优化算法。最后一种常用的算法为成交量份额参与算法，该算法根据标的日成交量来调整交易参与的上限，以降低市场冲击成本。

表10－2给出了目前市场上常用的订单执行策略，其中交易量加权平均价格算法（VWAP）策略是使用最广泛的算法交易策略，该策略及其变体完成的

成交量占国际市场算法交易完成总成交量的一半。

表 10-2　　　　　　　　　　常用算法策略

算法策略	方法描述	例子
VWAP	运用历史和实时的交易数据最小化 VWAP	自现在至三点按照时段内流动性期望变化购买 100000 股
TWAP	根据投资者指定时间内平稳提交订单	一小时内卖出 10000 股
POV	限定成交量以保证最低市场冲击成本	买 5000 股，但要求不超过市场成交量的 10%
Initiation Price	偏离最初或设定价格最小距离	以 10 元价格卖出 10000 股，但不一定全部完成订单
IQx	指定时间内完成订单，一般低于 15 分钟。通常用市价订单实现	在 5 分钟内买入 2500 股，尽量优于标准市价订单
Scaling	按照投资者设定价格门槛执行	以 10 元价格买入 10000 股，价格可以高出 10%，但是每个价格档位可以增加 1% 的成交率
Closing Price	按当日收盘价完成订单，目标可以是最大化阿尔法或最小偏离目标价	盯住收盘价以最大化阿尔法买入 2000 股
Dark Probe	寻找另类交易系统执行，如未完成则转入公开市场开盘时段完成	通过黑池买入 2500 股，未成交部分从公开市场开盘成交
ADR Plus	通过海外市场或本地市场寻找最佳流动性与价格来完成订单	最高以 25 元从海外或本地市场买入 2000 股
Advanced DMA	盯住市场变化中的最佳买卖价提交或显示投资者提交的订单	买入 2000 股，一个时点仅显示 200 股

(三) 算法交易过程

见图 10-1。

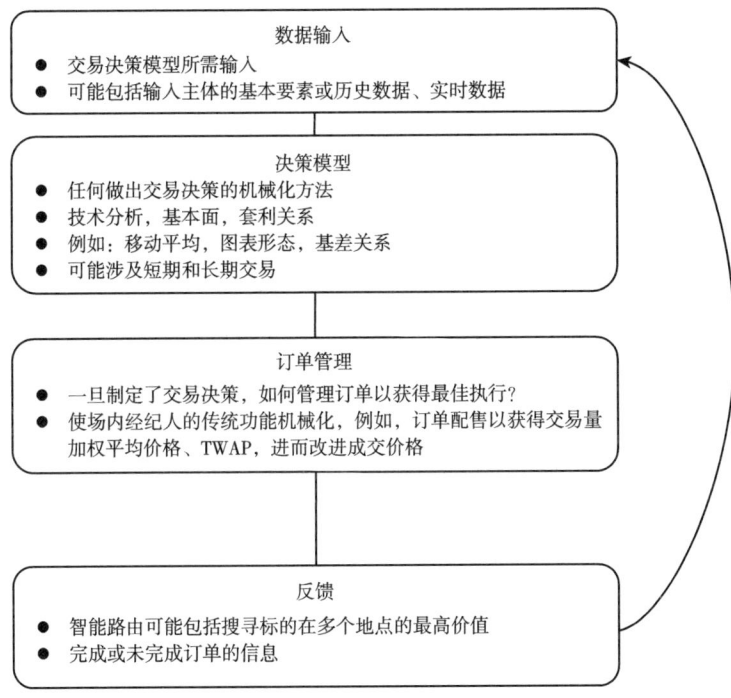

图 10-1 算法交易的过程

一般来讲，整个流程开始于交易模型所需要的单个或多重变量的输入，包括历史数据的输入，也包括实时数据的输入；接下来第二步是决策模型，比如，什么条件下可以"扣动扳机"，包括实证技术指标、图表形态和基本面分析等在内的模型均有可能用来帮助决策的做出；第三步是订单的管理，比如，如何管理订单的执行来获取最优的完成价格；最后，假定有多个地点都提供同一种标的，程序将会将订单传至提供最优价格的地点。这一般适用于股票和股票期权产品，而对于期货而言，只能提交订单至特定的交易所。之后完成或者未完成的订单信息将会反馈至最初阶段，形成新的循环。

第三节 高频交易

高频交易（HFT）是指交易者利用硬件设备和交易程序的优势，快速获取、处理交易指令信息并生成和发送交易指令，在短时间内多次买入卖出，以获得利润。HFT 的主要特征有：使用超高速的复杂计算机程序，生成、发送和执行交易指令；使用交易所等机构提供的服务器托管和特别信息流服务，最小化信息传递和处理时滞；在非常短的时间内，建立然后结清头寸；短期内提交大量指令，之后迅速撤销指令；不持有大量未对冲的头寸过夜。

做市商通过数量化交易系统分析买卖订单的情况，为市场提供流动性，有利于降低市场的波动。盈透（Interactive Broker）是应用数量化交易做市的典型代表。

在数量化交易时代，高频交易者可以利用自己的技术优势和信息优势成为电子化交易网络（ECN）中事实上的做市商。他们在电子交易网络中大量进行交易，获取买卖价差，但是他们不用承担传统做市商的责任，也几乎不受监管机构的约束。

（一）高频交易的界定

高频交易已成为近年来数量化交易的热点，受到了学术界和监管机构的强烈关注。表 10-3 给出了学术界和监管机构对高频交易定义的界定。

表 10-3　　　　　　学术界和监管机构对高频交易的界定

学术界对高频交易的定义		
学者	时间	高频交易的定义
Jovanovic & Menkveld	2010 年	高频交易是指充当做市商角色从买卖证券中获利的计算机算法。
Jarnecic & Snape	2010 年	高频交易是指为了到达特定私有资本盈利的目的，采用高速计算机算法自动生成和执行交易决策。
Cvitani & Kirilenko	2010 年	高频交易典型地是指在电子化交易市场中利用超快速的自动化程序生成、路由、取消和执行订单的交易活动。高频交易者提交和取消大量订单、执行大量交易、进出头寸非常迅速、每个交易日结束不保留太多未平仓头寸。

第十章 数量化交易

续表

学术界对高频交易的定义		
学者	时间	高频交易的定义
Brogaard	2010 年	高频交易是一种投资策略,通过计算机算法迅速买卖股票,并且持有非常短的时间。

监管机构对高频交易的界定		
监管机构	时间	高频交易的界定
美国证券交易委员会(SEC)	2010 年	高频交易是一个相对较新的尚没有明确定义的术语。它通常是用来指具有专有能力的专业交易者,他们采取每天进行大量交易的交易策略。这些交易者可以组织为私有交易公司、经纪交易商的自营交易员、对冲基金等形式。从事高频交易的专业公司的其他特征有:生成、路由和执行订单的超高速复杂计算机程序的应用;交易所和其他机构提供的以减小网络和其他类型延迟的并联服务和个人数据源的采用;提交后不久即被取消的大量订单;以尽可能扁平的头寸结束当天的交易,即不保留显著的未对冲头寸过夜。
澳大利亚证券与投资委员会(ASIC)	2010 年	特殊形式的高速算法交易正在出现,即利用高速计算机程序生成、路由和执行订单。高频交易即是其中一种。尽管尚不存在得到广泛认可的高频交易的定义,但高频交易典型地具有如下特征:大量订单生成,其中大部分又被迅速撤单;一般持有头寸时间非常短,头寸不过夜。高频交易采用高速、低延迟技术基础设施:处理直接的市场数据源以最快的速度获得可用的市场信息;采用与交易所匹配撮合主机并联的方式减少订单匹配时间;开发复杂交易策略以支持短期交易;交易日结束不保留占用资本的头寸。
荷兰金融市场管理局(AFM)	2010 年	高频交易是一种基于数学算法的自动化交易方式。高频交易自身并非交易策略,而是一种在实践中应用特定策略(如做市、统计套利)的手段。这些策略只关心可能被部署的那些策略。换句话说,高频交易肯定不是唯一可以在交易平台上运作成功的交易方式,作为高频交易策略结果的头寸通常采用市场中性策略。这些头寸通常是 delta 中性的,在许多情况下交易日结束就会平仓,很少会持有头寸过夜。头寸的持有期往往很短,平均只有几秒到几分钟的时间。许多提交的订单并未被执行,由于订单会根据不断变化的市场条件不断更新,大多数订单在提交成功后不久就被撤单。头寸的大小和持有时间长度由交易算法确定,并且在交易日内可能会不断波动。大量订单的突然爆发和涌现是高频交易的主要特征之一,并且与几乎没有交易的平静期交替发生。

续表

学术界对高频交易的定义		
学者	时间	高频交易的定义
欧盟委员会	2010 年	高频交易是一种特殊类型的自动化或算法交易。高频交易本身通常不是一个策略,而是非常利用复杂技术来实现传统交易策略。虽然有关高频交易如何定义仍存争论,也许它最好被定义为在非常短的时间区间内使用复杂技术试图解释市场信号、进行反应,执行大量自动化准做市或套利交易策略的交易。它通常以交易执行为主角,并且交易日结束时头寸被清空。

(二) 常用的高频交易策略

尽管高频交易策略多种多样且神秘纷纷,但还是有一些高频交易策略是众所周知的,而且对市场来说也未必都是全新的。事实上,高频交易是用来实现既定交易策略的技术手段,它自身并不是一个交易策略,而只是将最新的技术进展应用于市场访问、市场数据访问和订单路由上以最大化既定交易策略收益。因此,对高频交易的评估和监管讨论应集中于标的策略而不是高频交易本身。已知最有名和最显著的基于高频交易的策略有电子化流动性提供策略、统计套利策略、流动性探测策略和其他高频交易策略。

高频交易流动性提供策略有两个基本的收益来源,一个是为市场提供流动性所得到的买卖价差收益,另一个是来自于交易所流动性回扣和交易费减免所带来的收益。

套利机会往往仅持续非常短的时间,由于计算机能够实时扫描市场追寻这些短暂的机会,使得统计套利成为高频交易所应用的一个主要策略。高频统计套利策略可以分为市场中性套利,跨资产、跨市场和 ETF 套利等。

高频流动性探测则尝试识别其他市场参与者的市场参与模式,并相应地校正自己的行为。流动性探测者通常将注意力集中于大订单,采用不同的策略或者去探测分片订单、隐订单、执行算法提交的订单,或者去获取关于电子化限价订单簿的进一步信息。

其他的一些高频交易策略以延迟套利策略和短期动量策略为代表。一些市场参与者指责高频交易纯粹是基于对市场数据的更快访问而赢得套利机会。这种现代形式的套利通常被称为延迟套利,其中高频交易者能够在许多市场参与者接收到新的市场信息之前看到并解释这些新的市场信息。短期动量策略则通常主动交易,目标是从市场波动和趋势中获利,其交易决策基于影响证券市场的事件或者是市场自身的波动,该策略并不是一个新策略,实际上已被传统交易者运用了很长时间。

奥尔德里奇(Irene Aldridge)①归结了四类最为流行的高频交易策略,分别为自动化流动性提供策略、市场微观结构交易策略、事件交易策略和偏差统计套利。其中,自动化流动性提供策略持仓时间一般短于1分钟,主要是利用数量化算法得到做市头寸的最优定价和执行;市场微观结构交易策略持仓时间一般小于10分钟,主要是通过观察到申报价的逆向工程来识别交易对手方的订单流的信息含量;事件套利策略持仓时间一般小于1个小时,主要是基于宏观事件进行短期交易;偏差统计套利策略持仓时间一般小于1天,主要基于价格对其均衡水平的偏离来进行统计套利,例如三角交易、基差交易等。

(三) 高频交易系统的运作过程②

奥尔德里奇(Irene Aldridge)将投入生产的典型的高频交易系统归结为六个主要任务,这六个任务之间相互关联,并且作为一个整体运行。如图10-2所示,高频交易系统的六个主要任务可分为交易过程中的任务和交易完成后的任务两部分。其中交易过程中的任务依次是:接收和归档目

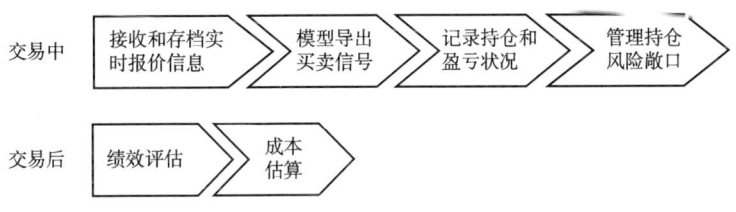

图10-2 高频交易系统的运作过程

---

① Aldridge I. High-Frequency Trading: A Practical Guide to Algorithmic Strategies and Trading System [M]. John Wiley & Sons, Inc., 2010: 4

② Aldridge I. High-Frequency Trading: A Practical Guide to Algorithmic Strategies and Trading System [M]. John Wiley & Sons, Inc., 2010: 29-30

标证券的实时分笔高频数据；应用回溯测试计量经济学模型处理上一任务中接收到的分笔数据；提交交易订单，跟踪持仓头寸和盈亏值；监控实时交易行为，与预先设定的参数比照，利用观察结果管理实时交易风险。交易完成后的任务依次为：评估相对于预先设定的业绩基准的交易绩效；确保交易成本在可接受的范围内。

高频交易系统的每一个功能块都内置一个独立的警告系统，当出现问题或异常情况时用来通知监控人员，比如不可预见的市场行为，市场数据处理的中断，意外的高交易成本，订单传送失败或未收到确认等。

(四) 高频交易与算法交易的比较

高频交易与算法交易既有共同之处，也有各自的特征。表10-4给出了高频交易与算法交易之间的共同点和差异之处。

表10-4　　算法交易与高频交易的异同

算法交易与高频交易共同点	
交易决策预先设定	
用户主要是专业交易者	
实时监视市场数据	
自动化订单提交	
自动化订单管理	
不存在人工干预	
直接市场访问	

算法交易独有特征	高频交易独有特征
代理交易	自营交易，每次交易利润很低
最小化市场影响	巨大的订单数量，快速的撤单
目标是获取一个特定的基准	盈利来自准做市，扁平头寸
持有期达几天/周/月	超短持有期，低延迟要求
随时间跨市场运作订单	仅限于高流动性金融工具，利用并联/邻近服务，独有数据源

第四节　套利与风险对冲

随着 20 世纪 80 年代美国衍生品市场的逐渐完善，数量化交易逐步应用于套利和风险对冲。

套利（Arbitrage），是指试图利用不同市场或不同形式的同类或相似金融产品的价格差异牟利。套利普遍存在于金融市场的各个领域。当如下情况发生时，市场存在套利机会：（1）相同资产在不同的市场上以不同的价格进行交易（即违反"一价定律"）；（2）具有相同现金流产出的资产以不同的价格进行交易；（3）某一资产在未来的价格已经确定，但当前交易价格不等于未来价格以无风险利率的折现值。

外汇市场利率平价套利、现货市场的 ETF 套利、综合运用期现货市场的指数套利等都属于典型的套利交易。数量化交易方式的套利发展成为在复杂计算机程序的帮助下从不同市场上同一证券的微小价差中获利的技术。当数量化交易方式广泛应用于套利时，金融市场会变得越来越有效率，市场上的套利机会也逐渐消失。

动态对冲（Dynamic Hedging），是使用股票指数期货和期权来保护股票组合对付市场下跌。动态对冲基于 Black – Scholes 期权定价模型的计算机模型，动态地交易股指期货来复制股票组合的合成看跌期权（Synthetic Put Option）。

统计套利（Statistical Arbitrage），是对冲基金领域追求市场中性（Market Neutral）和阿尔法收益的新交易方式。霍根（S. Hogan）、波兰（A. Pole）等对统计套利进行了精确的数学定义：

假设初始投入为 0 的自融资交易策略在 t 时刻经无风险利率折现后的价值为 $V(t)$，那么它满足如下条件：

(1) $V(0) = 0$

(2) $\lim\limits_{t \to \infty} E[V(t)] > 0, \lim\limits_{t \to \infty} P[V(t) < 0] = 0$

(3) 如果对 $\forall t < \infty, P[V(t) < 0] > 0$，则有 $\lim\limits_{t \to \infty} \{Var(V(t)/t)\} = 0$

相对于确定性的无风险套利，统计套利基于统计意义上资产价值的期望值，在大数定律作用下，资产定价的暂时性错误一定会向均值回归。作为一种投资策略，统计套利需要很大强度的计算和数量化建模。

配对交易（Paired Trading），是最基本的统计套利模型，它利用计量经济模型识别出市场上被高估和低估的股票，卖出高估的股票，买进低估的股票，然后等待均值回归，以实现利润。配对交易自动对冲了市场贝塔风险，是市场中性的策略。

波动率套利（Volatility Arbitrage），是统计套利的另一种常见策略，它使用期权产品作为实现策略的主要载体。

第五节 数量化交易的主要参与者

作为新兴的交易方式，数量化交易的进入门槛仍然比较高。目前阶段，数量化交易的参与者主要为实力比较强的机构：投资银行的资产管理、自营业务和经纪业务，做市商，以及数量化对冲基金。

1. 投资银行。

投资银行从买方、卖方两个角度参与数量化交易。资产管理业务采用数量化投资方式管理客户资产；自营交易业务捕捉市场价格异常，攫取超额利润；经纪业务为客户提供更好的订单执行服务和市场接入手段（DMA）。

高盛是投资银行业数量化交易当之无愧的领导者。高盛大约占据了全球数量化交易活动20%的份额，凭其数量化交易策略在一个交易日内获得高额盈利。其他大型投行，如摩根斯坦利、德意志银行、瑞士信贷、巴克莱投资等在数量化交易方面也各具优势。

2. 对冲基金。

2009年，数量化对冲基金管理的资产高达1410亿美元。对冲基金领域数量化交易的领导者包括城堡基金（Citadel），文艺复兴公司（Renaissance Technology），德劭基金（DE Shaw）。其中詹姆斯·西蒙斯（文艺复兴公司）管理的大奖章基金（Medallion Fund）自1988年成立以来，该基金年均回报率高达38.5%，成为20年内最赚钱的对冲基金。

对冲基金作为数量化交易的主要参与者，相对于投资银行具有无法比拟的优势：第一，专业化的技术系统：投资银行的技术系统要求"大而全"，需要兼容不同业务的需求，而对冲基金的技术系统更加专业化，速度更快。每年对冲基金都投入大量资金优化其数量化交易系统。事实上，德劭基金（DE

Shaw)的创始人曾是超级计算机的开发人员并主管过JP摩根的电子交易部门,而城堡基金(Citadel)则有超过2000名IT技术人员;第二,顶级的交易员:对冲基金领域的高收益不断吸引投资银行领域的顶级人才加入,使得投资银行成为对冲基金的人才培训基地;第三,微乎其微的监管干预:对冲基金领域没有资本金等方面的监管,因此对冲基金能够更有效的利用资金;第四,更高的风险承受能力:先进的技术系统和风险控制手段使对冲基金能够进行更高风险的交易,从而攫取更高的收益。

第六节 数量化交易对市场的影响

(一)提高市场绩效

市场的定价效率指的是市场交易的价格揭示其相关信息的准确、全面和及时的程度,揭示的程度越高则定价效率就越高。影响市场定价效率的主要因素包括:交易执行成本、市场流动性、套利活动的活跃程度。套利活动是影响定价效率的关键性因素之一。数量化交易方式全面提高了金融市场的市场绩效和定价效率:

第一,数量化交易降低了交易执行成本。数量化交易缩小了买卖价差,降低了交易执行的机会成本和市场冲击成本,图10-3显示了美国股票市场交易佣金和买卖价差的逐渐降低趋势。

第二,数量化交易提高了市场流动性。研究表明,数量化交易的活跃程度与市场流动性正相关,数量化交易活动降低了市场逆向选择,缩短价格发现的过程。许多研究考察了算法交易是否影响市场绩效[1]。

研究表明,不断普及的算法交易减少了逆向选择,降低了与交易相关的价格发现的数量,进而导致自动报价系统下的报价差价与实际差价均收缩,算法交易增加了与交易无关的价格发现,使得报价信息性更强,尤其对于大盘股而言,算法交易确实改善了流动性。文章的结论对交易平台的设计和监管有重要

---

[1] 见 Hendershott T, Jones C M, Menkveld A J. Does Algorithmic Trading Improve Liquidity? [J]. Journal of Finance, 2011, 66 (1)

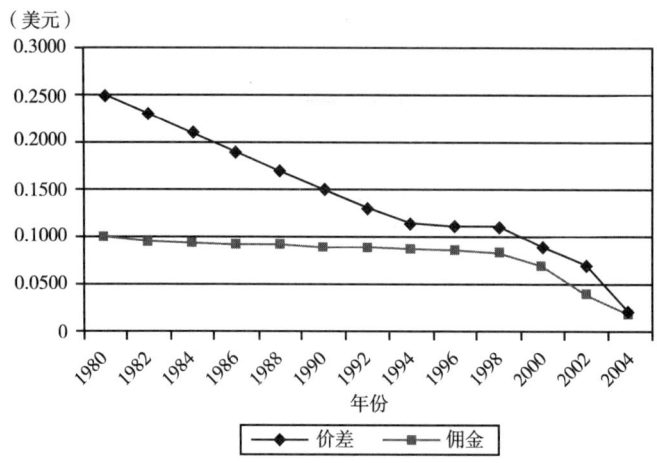

图 10-3 美国市场交易成本的变化

的借鉴意义。文章强调了算法流动供给的重要性以及供给者们之间加强竞争的好处,交易所和其他交易平台可以通过计算与算法法则相关的重要信息和参数,以进一步降低实施成本来吸引更多的算法交易者在其平台上交易。

第三,数量化交易增加了套利交易的活跃度。数量化交易使用金融工程工具对产品进行定价,发现市场上产品的价格异常,使得套利交易更加容易,避免了套利交易中的人为风险。

(二) 降低每张订单交易规模

算法交易的目标是根据市场的当前情况,有计划的将大订单分割成若干小定单执行,以减小市场冲击成本和交易机会成本。算法交易的一个直接后果即交易过程中每张订单的规模急剧减小。图 10-4 显示随着算法交易的逐年活跃,纽约证券交易所的订单规模从平均每张订单 2000 股逐渐降至每张订单不足 500 股。

(三) 降低市场波动率

数量化交易中的套利机制会迅速地将偏离正常的股票价格拉回到正常价格附近。越来越多的数量化套利交易会抑制股票价格的漂移空间,因而减少了市场的整体异常波动。

数量化交易降低市场波动的同时,也会增加小概率事件发生时市场的损害程度。当市场上的数量化交易越来越多时,不可避免地出现数量化交易策略趋同的现象。因此当小概率事件发生时,趋同的数量化交易策略会引发单边市。

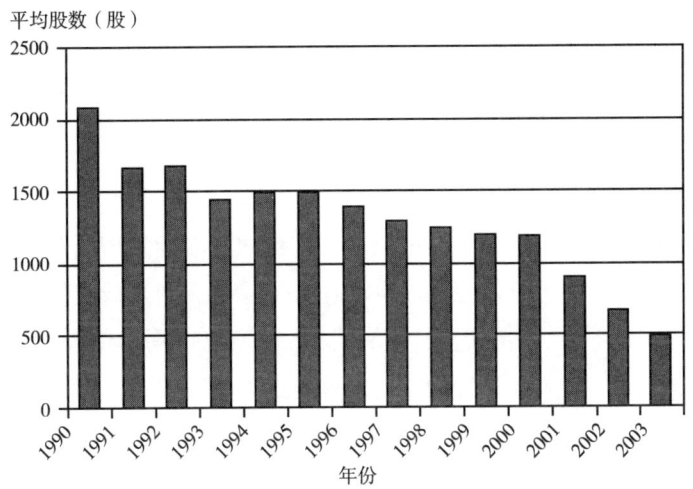

图10-4 纽约证券交易所的平均订单规模

第七节 国内数量化交易的情况

目前,虽然我国的量化投资总体还处于起步阶段,但是近几年发展势头较快,券商等投资机构对量化投资者已经脱离概念和讨论阶段,进入了实际引用阶段。

(一)国内数量化交易现状

当前券商等投资机构对量化投资者已经脱离概念和讨论阶段,进入了实际引用阶段。券商等机构利用自身的研发或经验优势,开发出了各自的量化投资系统,并实现了较为稳定的盈利,引起市场广泛关注。其中,ETF套利、期限套利、债券投资、量化选股、最优下单、中性对冲策略等方面已经全面应用，尤其是集合理财产品实际投资、券商创新或者研究部门提供给客户。

在期货市场，因为投资群体比较小而专业，自动化交易发展较早，目前已经初具规模。在股票市场，伴随着金融危机中华尔街华人宽客（Quants）的回归，量化投资正在成为市场上热点，ETF套利、期限套利、债券投资、量化选股、最优下单、中性对冲策略等方面已经全面应用，尤其是集合理财产品实际投资、券商创新或者研究部门提供给客户。高频交易方面，股指期货已经逐步开始流行高频交易，但是股票高频交易方面，因为国内市场机制和监管方面的限制，目前还没有发展。

1. 期货市场自动化交易初具规模。

自动化交易最早由国内证券市场起步，近两年在期货市场开始被越来越多的投资者接受。特别是软件商推出自动化交易功能，为短线交易者提供了快捷的下单方式。此外，期货市场的自动化交易模型也正逐步由投资者编制自用，演变为有由一定规模的投资咨询顾问组成的专业团队参与。据中国国际期货公司统计，目前运用程序化交易的投资者已占该公司客户总数的10%，在过去一年的增幅超过10倍。

目前，大型期货软件供应商的自动化交易平台开发已经比较稳定，为自动化交易模型的编制提供了很好的保障。此外，除中国大陆软件商外，一些发达市场如韩国、中国台湾地区的期货软件供应商也在积极推广各自的软件。目前，已经有期货信息服务公司借鉴国外期货市场信息产品服务的成功经验，推出了"大商所Level-2行情"这一期货市场有偿增值信息服务内容。它的推出将有助于提高期货市场透明度，满足市场不同类型投资者对期货行情内容的差异化需求，开发多层次、多样化的行情信息服务产品，构建信息服务产业链。

2. 股票市场量化投资成为新热点。

与海外市场的蓬勃发展相比，量化基金在国内尚处于起步阶段。2004年8月，光大保德信量化核心基金是国内第一只量化基金。在随后的近5年时间里，量化基金的发行一度长期处于空窗期。2009年成为量化基金的密集发行期，嘉实阿尔法量化基金、中海量化策略基金、长盛量化红利基金、华商动态阿尔法灵活配置基金、富国沪深300增强基金陆续发行成立。加上2010年初的南方策略优化基金，国内量化基金总数增至7只。虽然量化基金占基金总规模尚不到1%,但在国内基金投资方式趋同的情况下,量化投资已经成为机构投资者差异化竞争的新热点。

与此同时,国内证券研究所金融工程研究如雨后春笋般兴起,纷纷推出自行研究的数量化股票投资模型,按照一定的选股标准,如 Beta 值、市值、每股收益、市盈率等,以及市场的动态特征对市场行为和投资进行量化,帮助投资者实现证券投资组合管理,为未来数量化投资的进一步发展奠定了基础。

3. 算法交易与程序化交易处于萌芽阶段。

伴随着金融危机,华尔街的华人金融工程师开始回归国内,并把华尔街上的量化方法带回中国市场。目前,少数基金等机构投资者开始尝试使用算法交易降低交易执行成本。但在中国市场,机构投资者的投资与相互竞争仍然处于粗放式阶段,对算法交易的需求远不如量化投资迫切。因此算法交易在国内市场仍然处于研究和探索的初期。

ETF 和权证产品创新使国内市场萌芽了真正意义上的程序化套利交易。股指期货的整装待发点燃了业内对于程序化交易的激情,将成为程序化交易在国内市场大发展的契机。

4. 券商等投资者机构为量化投资创新主力。

目前以券商为首机构投资者及少数大投资者是量化投资的主力,主要由于只有机构投资者有足够人力和财力进行研究和创新。

当然,2009 年以来虽然有多只量化基金产品和集合理财产品发行,目前量化基金并非真正意义上完全的量化操作。

(二) 发展数量化交易的挑战

1. 数量化交易需要配套的市场机制。

近年来,我国市场经过券商综合治理和股权分置改革,阻碍市场发展的根本性问题已经解决,但仍然存在如下问题束缚数量化交易的发展。

第一,金融创新不足,产品链条不完整。程序化套利和风险对冲需要完善的产品结构才能进行。目前国内市场金融期货、期权等产品仍然空缺,无法进行有效的套利与对冲。指数基金和 ETF 产品虽然 2009 年井喷式发展,但仍然比较薄弱,行业 ETF 还处于筹备过程中,无法在股票市场和期货市场间有效地套利①。

第二，交易制度不健全，监察严格。中国股票市场已基本取消了 T+0 的产品交易功能。再加上严格的涨跌停板制度，这就严重压缩了高频交易的发展空间。国内市场目前仍然不支持一揽子订单、冰山订单等高级订单形式。此外国内市场监察过严，数量化交易的高频率大量订单会被视为市场操纵行为而收到交易所监察部门的警告。

第三，对机构的监管矫枉过正，限制过严。国内券商、基金等机构投资者经过监管机构的综合治理之后，发展已经相对规范，成为市场健康发展的主导力量。当初为规范机构投资者行为的限制在新环境下显得矫枉过正，限制了国内数量化交易的发展。以基金公司为例，基金公司内控严格限制同一日内对同一只股票即进行买操作又进行卖操作，这一规则导致基金公司量化投资的投资决策无法及时顺利实施。

相对国外市场，国内市场也存在先天的优势。我国交易所很早就实现的全电子化交易，为数量化交易的发展奠定了坚实基础。

2. 交易系统改进与创新是基础条件。

技术是数量化交易的发展之本。加大技术创新和投入，不仅可以提高市场整体的效率，而且可以令数量化交易效率提高更快。数量化交易对技术与服务创新的要求重要体现在交易系统速度、行情更新速度、数据服务等方面。目前来看，中国股市的交易系统还远远不能满足毫秒级的高频交易的需求：第一，交易系统速度和行情更新速度。数量化交易对于交易速度的要求是没有止境的，目前上交所和深交所对未来一段时间交易系统的处理能力规划为 8 万笔每秒。行情更新速度是我国实施数量化交易的主要瓶颈，目前中国股票市场 LEVEL-I 的行情更新速度是 6 秒，LEVEL-II 的行情更新速度是 3 秒，远未达到高频交易实施获取成交信息的要求。因此，中国股市的交易系统速度和行情更新速度都没有达到国外成熟市场毫秒级的高频交易水平。第二，数据服务。国内数据服务市场目前仍然处于发展初期，数据服务仅限于原始数据的收集整理，尚未对数据做进一步的加工。数据服务的实时性和标准化程度也不高。

---

① 研究表明，国内市场钢铁行业指数与钢铁期货相关性高达 0.85，但由于产品不足，无法有效实施套利。

3. 交易制度和交易所提供交易服务是量化投资约束变量。

第一，中国股市 T+l 制度决定了量化投资，尤其是高频交易的发展的范围。第二，交易成本（包括印花税）、融券卖空范围有限等因素也限制了量化策略的发展。第三，交易所提供的交易服务以后将可能成为约束量化投资发展的重要影响因素。例如提供行情和接入速度目前还有限，与国外微秒级速度还有相当距离，这将直接约束国内高频交易这种量化投资的发展。

4. 基础产品的创新是量化投资的重要推动因素。

2010 年以来，股指期货的推出加速了国内量化投资的发展。其主要原因一是股指期货具有多空的双向买卖机制和 T+0 的交易制度，这种日内交易机会使得高频交易系统有用武之地，二是杠杆机制使得更能严格控制风险的量化交易方式赢得空间，三是股指期货搭配现货、ETF 等产品实现了丰富的套利和套保等功能，客观上推动了投资手段和方法的创新。

参考文献

[1] A. Obizhaeva and J. Wang (2008) "Optimal trading strategy and supply/demand dynamics", *J. Financial Market.* XX (in press).

[2] Admati, A. and P. Pfleiderer (1988) "A Theory of Intraday Patterns: Volume and Price Variability," *Review of Financial Studies*, 1, 3–40.

[3] AFM (2010) *Authority For the Financial Markets*, *High frequency trading: The application of advanced trading technology in the European marketplace.* [online] Available from: http://www.afm.nl/layouts/afm/default.aspx~/media/files/rapport/2010/hft-report-engels.ashx.

[4] Ahn, H. J., K. H. Bae, and K. Chan (2001) "Limit orders, depth and volatility: Evidence from the Stock Exchange of Hong Kong", *Journal of Finance*, 56, 769–790.

[5] Alfonsi, A. S. and A. Schulz (2007) "*Optimal execution strategies in limit order books with general shape functions*", arXiv: 0708.1756v2.

[6] Al-suhaibani, M. and L. Kryzanowski (2001) "*Limit vs. Market Order Trading on the Saudi Stock Market*", Working Paper, Department of Economics, Imam University, Riyadh, Saudi Arabia.

[7] Anand, A. and T. Martell (2001) "*Informed Limit Order Trading*", Working paper, School of Management, Syracuse University.

[8] ASIC (2010) *Australian Securities & Investment Commission*, Report 215: *Australian equity market structure.* November. [online] Available from: http://www.asic.gov.au/asic/pdflib.nsf/LookupByFileName/rep-215.pdf/$file/rep-215.pdf.

[9] ASIC (2010) *Australian Securities & Investment Commission*, Consultation Paper 145, *Australian equity market structure. Proposals.* November. [online] Available from: http://www.asic.gov.au/asic/pdflib.nsf/LookupByFileName/cp-145.pdf/$file/cp-145.pdf.

[10] Bacidore, J. M., and G. Sofianos (2002) "Liquidity Provision and Specialist Trading in NYSE-listed non-U.S. Stocks", *Journal of Financial Economics*, 63, 133–158.

[11] Bagehot, W. (1971) "The Only Game In Town," *The Financial Analysts Journal*, 8, 31–53.

[12] Barclay, M., Eugene Kandel and Leslie M. Marx (1998) "The Effects of Transaction Cost on Stock Prices and Trading Volume", *Journal of Financial Intermediation*, 7, 130-150.

[13] Battalio, R., B. Hatch, and R. Jennings (2003) "All else equal? A multi-dimensional analysis of retail, market order execution quality", *Journal of Financial Markets*, 6, 337-362.

[14] Battalio, R., J. Greene, and R. Jennings (1997) "Do competing specialists and preferencing dealers affect market quality?" *Review of Financial Studies*, 10, 969-993.

[15] Battalio, R., J. Greene, B. Hatch and R. Jennings (2002) "*Does the Order Routing Decision Matter?*"

[16] Berkman, H. (1996) "Large Option Trades, Market Markers, and Limit Orders," *Review of Financial Studies*, 9, 977-1002.

[17] Bessembinder, H. (1999) "Trade execution costs on NASDAQ and the NYSE: A post-reform comparison", *Journal of Financial and Quantitative Analysis*, 34, 387-407.

[18] Bessembinder, H. (2003) "Quote-based competition and trade execution costs in NYSE-listed stocks", *Journal of Financial Economics*, 70 (3), 385-422.

[19] Bessembinder, H. (2003) "Issues in assessing trade execution costs", *Journal of Financial Markets*, 6, 233-257.

[20] Bessembinder, H. and H. M. Kaufman (1997) "A cross-exchange comparison of execution costs and information flow for NYSE-listed stocks", *Journal of Financial Economics*, 46, 293-319.

[21] Biais, B. (1993) "Price Formation and Equilibrium Liquidity in Fragmented and Centralized Markets", *Journal of Finance*, 48, 157-185.

[22] Biais, B., P. Hillion and C. Spatt (1995) "An Empirical Analysis of the Limit Order Book and the Order Flow in the Paris Bourse", *Journal of Finance*, 50, 1655-1689.

[23] Biais, B., T. Fouault, and S. Salanie (1998) "Floors, Dealer Markets and Limit Order Markets", *Journal of financial Markets*, 1, 253-284.

[24] Bloomfield, R. and M. O"Hara (1999) "Market Transparency: Who Wins and Who Loses?", *The Review of Financial Studies*, 12, 1, 5-35.

[25] Bloomfield, R. and M. O"Hara (2000) "Can Transparent Markets Survive?", *Journal of financial Economics*, 55, 425-459.

[26] Boehmer, E. G. Saar, and L. Yu (2003) "*Lifting the veil: An analysis of pre-trade transparency at the NYSE*", Unpublished Working Paper, Texas A&M University.

[27] Bondarenko, O., and J. Sung (2003) "Specialist Participation and Limit Orders", *Journal of Financial Markets*, 6, 539-571.

[28] Brailsford, T. J. et al. (1999) "Stock Market Automation and the Transmission of Information Between Spot and Futures Markets", *Journal of Multinational Financial Management*, 9, 247 – 264.

[29] Brogaard, J. (2010) *High Frequency Trading and Its Impact on Market Quality*. 5th Annual Conference on Empirical Legal Studies Paper. [online] Available from: http://ssrn.com/paper = 1641387.

[30] Brown, D. P. and Z. M. Zhang (1997) "Market Orders and Market Efficiency," *Journal of Finance*, 1, 277 – 308.

[31] Brown, P., N. Thomson, and D. Walsh (1998) "*Characteristics of the order flow through an electronic open limit order book*", Unpublished working paper, University of Western Australia.

[32] Brownlees, C. T., Fabrizio C., and Giampiero G. (2010) "*Intra – Daily Volume Modeling and Prediction for Algorithmic Trading (February 2010)*", SSRN eLibrary.

[33] Camerer, C. (1982) "*The Validity and Utility of Expert Judgment*", Ph. D. Dissertation, University of Chicago.

[34] Cao, C., O. Hansch, and X. Wang (2003) "*The Informational Content of an Open Limit Order Book*", Unpublished working paper, Pennsylvania State University.

[35] CESR (2010) *Committee of European Securities Regulators, Call for Evidence. Microstructural issues of the European equity markets (April 1)*. [online] Available from: http://www.cesr.eu/data/document/10_142.pdf.

[36] CESR (2010) *Committee of European Securities Regulators, CESR Technical Advice to the European Commission in the Context of the MiFID Review and Responses to the European Commission Request for Additional Information*. [online] Available from: http://www.esma.europa.eu/index.php?page = doc ument_ details&from_ title = Documents&id = 7003.

[37] Chaboud, A. et al. (2009) "*Rise of the Machines: Algorithmic Trading in the Foreign Exchange Market*" (Federal Reserve International Finance Discussion Paper No. 980), SSRN eLibrary.

[38] Chakravarty, S. and C. Holden (1995) "An Integrated Model of Market and Limit Orders," *Journal of Intermediation*, 4, 213 – 241.

[39] Chung, K. H., B. F. Van Ness and R. A. Van Ness (1999) "Limit Orders and the Bid – Ask Spread", *Journal of Financial Economics*, 53, 255 – 287.

[40] Chung, K. H., and R. A. V. Ness (2001) "Order Handling Rules, Tick Size, and the Intraday Pattern of Bid – ask Spreads for Nasdaq Stocks", *Journal of financial Markets*, 4, 143 – 161.

[41] Cohen, K. et al. (1981) "Transaction Costs, Order Placement Strategy and Existence of the Bid – Ask Spread", *Journal of Political Economy*, 89, 287 – 305.

[42] Cohen, R., P. Gompers and T. Vuolteenaho (2002) "*Who Underreacts to Cash – Flow News? Evidence from Trading between Individuals and Institutions*", Working Paper, Finance Unit, Harvard University.

[43] Copeland, T. and D. Galai (1983) "Information Effects On the Bid – Ask Spread", *Journal of Finance*, 38, 1457 – 1469.

[44] Cvitanic, J. and Andrei A. K. (2010) "*High Frequency Traders and Asset Prices*", Working Paper.

[45] D. Challet, M. Marsili, Y. – C. Zhang (2001) "From minority games to real markets", *Quant. Finance*, 14, 1168 – 176.

[46] D. Challet, M. Marsili and Y. – C. Zhang (2001) "Minority games and stylized facts", *Physica A*, 299, 228 – 233.

[47] D. Challet, M. Marsili, and Y. – C. Zhang (2005) "*Minority Games: Interacting Agents in Financial Markets*", Oxford University Press, Oxford.

[48] D. Challet, M. Marsili and Y. – C. Zhang (2000) "Modeling market mechanism with minoritygame", *Physica A*, 276, 284 – 315.

[49] D. Challet, M. Marsili and Y. – C. Zhang (2001) "Stylized facts of financial markets andmarket crashes in minority games", *Physica A*, 294, 514 – 524.

[50] D. Challet and R. Stinchcombe (2001) "Analyzing and modeling 1 + 1d markets", *Physica A* 300, 285 – 299.

[51] D. Challet and Y. – C. Zhang (1997) "Emergence of cooperation and organization in anevolutionary game", *Physica A*, 246, 407 – 418.

[52] D. Chowdhury and D. Stauffer (1999) "A generalized spin model of financial markets", *Eur. Phys. J. B*, 8, 477 – 482.

[53] D. Maraun, H. W. Rust and J. Timmer (2004) "Tempting long – memory – on the interpretation of DFA results", *Nonlinear Proces. Geophys.* 11, 495 – 503.

[54] D. Stauffer (1998) "Can percolation theory be applied to the stock market?", *Ann. Phys.* 7, 529 – 538.

[55] D. Stauffer and T. J. P. Penna (1998) "Crossover in the Cont – Bouchaud percolation modelfor market fluctuations", *Physica A.* 256, 284 – 290.

[56] Dennert, J. (1993) "Price Competition between Market Makers", *Review of Economic Studies.* 60, 735 – 751.

[57] Diamond D. W. and Verrecchia R E. (1987) "Constraints on short – selling and asset

price adjustment to private information", *Journal of Financial Economics*. 18 (2): 277 – 311.

[58] Domowitz, I., and Henry Y. (2006) "The Cost of Algorithmic Trading: A First Look at Comparative Performance", *Journal of Trading*. 1 (1) 33 – 42.

[59] Dufour A. and Engle R. F. (2000) "*The ACD model: Predictibility of the time between consecutive trades*", Working paper, University of Reading and University of California at San Diego.

[60] Easley, D. and M. O"Hara (1987) "Price, trade size and information in securities markets", *Journal of Financial Economics*. 19, 69 – 90.

[61] Easley, D. and M. O"Hara (1992) "Time and the process of security price adjustment", *Journal of Finance*. 47 (2): 577 – 607.

[62] Engel R. and Lange J. (1997) "*Measuring and forecasting time varying liquitry*", Working Paper, UCSD Department of Economics.

[63] Engle R. F. and Russell J. R. (1998) "Autoregressive conditional duration: a new model for irregularly spaced transaction data", *Econometrica*. 66 (5): 1127 – 1162.

[64] Engle R. (1996) "*The econometrics of ultra – high frequency data*", Working Paper, UCSD Department of Economics.

[65] F. Lillo and J. D. Farmer (2004) "The long memory of the efficient market", *Stud. Nonlinear. Dyn. Econom.* 8 (3) 1 – 33.

[66] F. Lillo (2007) "Limit order placement as an utility maximization problem and theorigin of power law distribution of limit order prices", *Eur. Phys. J. B.* 55, 453 – 459.

[67] Ferris, S. P., T. H. McInish and R. A. Woood (1997) "Automated Trade Execution and Trading Activity: The Case of theVancouver Stock Exchange", *Journal of International Financial Markets, Institutions and Money*. 7, 61 – 72.

[68] Fishman, M. J. and F. A. Longstaff (1992) "Dual Trading in Futures Markets", *Journal of Finance*. 47, 643 – 671.

[69] Flood et al. (2002) "*Dividng the Pie: Asymmetrically Informed Dealers and Market Transparency*", Unpublished Working Paper, Maastricht University.

[70] Foster, F. and S. Viswanathan (1994) "Strategic Trading with Asymmetric Informed Investors and Long – lived Information", *Journal of Financial and Quantitative Analysis*. 29, 499 – 518.

[71] Foucault T. (1999) "Order flow composition and trading costs in a dynamic limit order market [J]", *Journal of Financial Markets*. 2 (2): 193 – 226.

[72] Foucault, T., Ohad K., and Eugene K. (2009) "*Liquidity Cycles and Make/Take Fees in Electronic Markets*", EFA 2009 Bergen Meetings Paper, May. SSRN eLibrary.

[73] Friederich, S. and R. Payne (2001) "*Dealer Liquidity in an Auction Market: Evidence*

from the London Stock Exchange", Unpublished working paper, London School of Economics.

[74] G. Iori (1999) "Avalanche dynamics and trading friction effects on stock market returns", *Int. J. Modern Phys.* C10, 1149 – 1162.

[75] G. - F. Gu, W. Chen and W. - X. Zhou (2008) "Empirical distributions of Chinese stock returns at different microscopic timescales", *Physica A.* 387, 495 – 502.

[76] G. - F. Gu, W. Chen and W. - X. Zhou (2008) "Empirical regularities of order placement in the Chinese stock market", *Physica A.* 387, 3173 – 3182.

[77] G. - F. Gu, W. Chen and W. - X. Zhou (2007) "Quantifying bid – ask spreads in the Chinese stock market using limit – order book data: Intraday pattern, probability distribution, long memory, and multifractal nature", *Eur. Phys. J. B.* 57, 81 – 87.

[78] Gemmil, G. (1996) "Transparency and Liquidity: A Study of Block Trades on the London Stock Exchange under Different Publication Rules", *Journal of Finance.* 51, 1765 – 1790.

[79] Gerke, W., S. Arneth, and C. Syha (2000) "The Impact of the Order Book Privilege on Traders" Behavior and the Market Process: An experimental study", *Journal of Economic Psychology.* 21, 167 – 189.

[80] Glosten, L. (1994) "Is the Electronic Open Limit Order Book Inevitable?" *Journal of Finance.* 49, 1127 – 1161.

[81] Glosten, L. (1994) "Is the Electronic Limit Open Book Inevitable?", *Journal of Finance.* 49, 1127 – 1161.

[82] Glosten, L. (1999) "Introductory comments: Bloomfield and O"Hara, and Flood, Huisman, Koedijk, and Mahieu", *The Review of Financial Studies.* 12, 1, 1 – 3.

[83] Glosten, L. and P. Milgrom (1985) "Bid, Ask and Transaction Prices in a Specialist Market with Heterogeneously Informed Traders," *Journal of Financial Economics.* 14, 71 – 100.

[84] Gomber, P. and Markus G. (2006) "*Catching up with technology – The impact of regulatory changes on ECNs/MTFs and the trading venue landscape in Europe*", in: Competition and Regulation in Network Industries; Volume 1, No. 4, December 2006, Special Issue on The Future of Alternative Trading Systems and ECNs in Global Financial Markets, 535 – 557.

[85] Griffiths M. D. et al. (2000) "The Costs and Determinants of Order Aggressiveness", *Journal of Financial Economics.* 56, 65 – 88.

[86] Grossman, S. J. and M. Miller (1988) "Liquidity and Market Structure", *Journal of Finance.* 43, 617 – 633.

[87] H. Föellmer (1974) "Random economies with many interacting agents", *J. Macroeconomics.* 1, 51 – 62.

[88] Handa, P. and R. Schwartz (1996) "Limit Order Trading", *Journal of Finance.* 51,

1835 – 1861.

[89] Hansch, O. (2003) "*Island Tides: Exploring ECN Liquidity*", Unpublished Working Paper, Pennsylvania State University.

[90] Haris, L. and J. Hasbrouck (1996) "Market vs. Limit Orders: The SuperDot Evidence on Order Submission Strategy", *Journal of Financial and Quantitative Analysis.* 31, 213 – 231.

[91] Harris, L. (1998) "*Optimal Dynamic Order Submission Strategies in Some Stylized Trading Problems*", Working Paper.

[92] Harris, L. (2003) *Trading and Exchanges.* Oxford University Press, New York.

[93] Hausman J. A., Lo A. W. and MacKinlay A. C. (1992) "An ordered probit analysis of transaction stock prices", *Journal of Financial Economics.* 31 (3): 319 – 379.

[94] He Ji – bao and Lu Zhi (2006) "What affects investors' selling and holding?", *Journal of Manegement Sciences In China.* 9 (6): 53 – 63. (in Chinese).

[95] Hedvall, K. and J. Niemeyer (1997) "*Order Flow Dynamics: Evidence from the Helsinki Stock Exchange*". Unpublished working paper, Swedish School of Economics and business Administration.

[96] Hendershott, T. and C. M. Jones (2003) "*Island Goes Dark: Transparency, Fragmentation, Liquidity Externalities, and Multimarket Regulation*", Unpublished working paper, University of California.

[97] Hendershott, T. and Ryan, R. (2011) "*Algorithmic Trading and Information. NET Institute*", Working Paper No. 09 – 08.

[98] Hollifield, B. et al. (2001) "*Liquidity supply and demand: Empirical evidence form the Vancouver Stock Exchange*", Unpublished working paper, Carnegie Mellon University.

[99] Huang, R. and H. Stoll (1996) "Dealer versus auction markets: A paired comparison of execution costs on NASDAQ and the NYSE", *Journal of Financial Economics.* 41, 313 – 358.

[100] Huang, R. (2002) "The quality of ECN and Nasdaq market maker quotes", *Journal of Finance.* 57, 1285 – 1319.

[101] Ingrid L. and Stephen G. S. (2005) "*Order Submission: The choice between limit and market orders*", Working Paper, University of Western Ontario.

[102] Irene A. (2010) *High – Frequency Trading: A Practical Guide to Algorithmic Strategies and Trading System.* John Wiley & Sons, Inc.

[103] Jarnecic, E. and Mark S. (2010) "An analysis of trades by high frequency participants on the London Stock Exchange", Working Paper, June.

[104] Jaffee, J. and R. Winkler (1976) "Optimal Speculation Against an Efficient

Market", *Journal of Finance.* 31, 49 – 61.

[105] Jain, P. (2001) *"Institutional Design and Liquidity on Stock Exchange"*, Unpublished working paper, Indiana University.

[106] J. D. Farmer, P. Patelli and I. I. Zovko (2005) "The predictive power of zero intelligencein financial markets", *Proc. Natl. Acad. Sci. USA.* 102, 2254 – 2259.

[107] J. D. Farmer et al. (2004) "What really causes large price changes?", *Quant. Finance.* 4, 383 – 397.

[108] J. – I. Maskawa (2007) "Correlation of coming limit price with order book in stock markets", *Physica A.* 383, 90 – 95.

[109] J. – P. Bouchaud, M. M'eozard and M. Potters (2002) "Statistical properties of stock orderbooks: empirical results and models", *Quant. Finance.* 2, 251 – 256.

[110] J. – P. Bouchaud et al. (2004) "Fluctuations and response in financial markets: The subtle nature of 'random' price changes", *Quant. Finance.* 4, 176 – 190.

[111] J. W. Kantelhardt et al. (2001) "Detecting long – range correlations with detrended fluctuation analysis", *Physica A.* 295, 441 – 454.

[112] Jones, C. M. and M. L. Lipson (2003) *"Are retail orders different?"* Working Paper, Columbia University.

[113] Jovanovic, B. and Albert J. M. (2010) *"Middlemen in Limit – Order Markets"*, Working Paper.

[114] K. Hu et al. (2001) "Effect of trends on detrended fluctuation analysis", *Phys. Rev. E.* 64, 011114.

[115] Kaniel, R. and Liu, H. (2001) *"So What Orders do Informed Traders Use?"*, Working Paper.

[116] Kee – Hong B., Hee – Joon A. and Chan, K. (2003) "Limit Orders, Depth, and Volatiltiy", *Journal of Finance.* 56, 769 – 790.

[117] Keim, D. and A. Madhavan (1995) "Anatomy of the Trading Process: Empirical Evidence on the Behavior of Institutional Traders", *Journal of Financial Economics.* 37, 371 – 398.

[118] Kyle, A. (1985) "Continuous Auctions and Insider Trading", *Econometrica.* 53, 1315 – 1335.

[119] Laffont, J. J. and E. S. Maskin (1990) "The Efficient Market Hypothesis and Insider Trading on the Stock Market", *Journal of Political Economy.* 98, 70 – 93.

[120] Lipson, M. L. (2003) *"Competition among market centers"*, NYSE Working Paper.

[121] Lo, A., C. Mackinlay and J. Zhang (2002) "Econometric Models of Limit – Order Executions", *Journal of Financial Economics.* 65, 31 – 71.

[122] Lyons, R. K. (1996) "Optimal Transparency in a Dealership Market with an Application to Foreign Exchange", *Journal of Financial Intermediation.* 5, 225 – 254.

[123] Madhavan, A. (1996) "Security Prices and Market Transparency", *Journal of Financial Intermediation.* 5, 255 – 283.

[124] Madhavan, A. (1992) "Trading Mechanisms in Securities Markets", *Journal of Finance.* 47, 607 – 642.

[125] Madhavan, A., Porter, D. and D. Weaver (2000) "Should Securities Markets be Transparent?", *The Journal of Portofolio Management.* Unpublished Working Paper, University of Southern California Magnitude and Intensity. 14, Winter, 6 – 13.

[126] Maslov, S. and M. Mills (2001) "Price Fluctuations from the Order Book Perspective — Empirical Facts and a Simple Model", *Physica A.* 299, 234 – 246.

[127] McInish, T. H., B. F. Van Ness and R. A. Van Ness (1998) "The Effect of the SEC"s Order – handling Rules on Nasdaq", *Journal of Financial Research.* 21, 247 – 254.

[128] Miller, M. H. et al. (1989) *Final Report of the Committee of Inquiry: Appointed by Chicago Mercantile Exchange to Examine the Events Surrounding*", October 19, 1987, in R. W.

[129] M. G. Daniels et al. (2003) "Quantitative model of price diffusion and market friction based on trading as a mechanistic random process", *Phys. Rev. Lett.* 90, 108 – 102.

[130] M. Potters, J. – P. Bouchaud (2003) "More statistical properties of order books and price impact", *Physica A.* 324, 133 – 140.

[131] Nimalendran, M. and G. Petrella (2003) "Do "thinly – traded" Stocks Benefit from Specialist Intervention?", *Journal of Banking and Finance.* 27, 1823 – 1854.

[132] O"Hara, M. (1995) *Market Microstructure Theory.* Basil Blackwell Ltd.

[133] P. Bak, M. Paczuski and M. Shubik (1997) "Price variations in a stock market with manyagents", *Physica A.* 246, 430 – 453.

[134] P. Gopikrishnan et al. (2007) "Statistical properties of share volume traded in financial markets", *Phys. Rev. E.* 62, 4493 – R4496.

[135] P. Jefferies et al. (2001) "From market games to real world markets", *Eur. Phys. J. B.* 20, 493 – 501.

[136] P. Weber and B. Rosenow (2006) "Large stock price changes: Volume or liquidity", *Quant Finance.* 6, 7 – 14.

[137] P. Weber and B. Rosenow (2005) "Order book approach to price impact", *Quant Finance.* 5, 357 – 364.

[138] Pagano, M. and A. Roell (1996) "Transparency and Liquidity: A Comparison of Auction and Dealer Markets with Informed Trading", *The Journal of Finance.* 51, 2, 579 – 611.

[139] Parlour, C. (1998) "Price Dynamics in Limit Order Market", *Review of Financial Studies*. 11, 789–816.

[140] Prix, J., Otto L., and Michael H. (2007) "Algorithmic Trading Patterns in Xetra Orders", *European Journal of Finance*. 13, 717–739.

[141] R. Cont (2001) "Empirical properties of asset returns: Stylized facts and statistical issues", *Quant. Finance*. 1, 223–236.

[142] R. Cont, J. -P. Bouchaud (2002) "Herd behavior and aggregate fluctuations in financialmarkets", *Macroecon. Dyn*. 4, 170–196.

[143] R. D"Hulst and G. J. Rodgers (2000) "Exact solution of a model for crowding and information transmission in financial markets", *Int. J. Theoret. Appl. Fin*. 3, 609–616.

[144] R. N. Mantegna and H. E. Stanley (2000) *An Introduction to Econophysics: Correlations and Complexity in Finance*. Cambridge University Press, Cambridge.

[145] R. F. Engle (2000) "The econometrics of ultra–high–frequency data", *Econometrica*. 68, 1–20.

[146] Ranaldo, A. (2001) "*Order Aggressiveness*", Working Paper.

[147] S. Bornholdt (2001) "Expectation bubbles in a spin model of markets: Intermittency-from frustration across scales", *Int. J. Modern Phys*. C12, 667–674.

[148] S. Maslov and M. Mills (2001) "Price fluctuations from the order book perspective – Empirical facts and a simple model", *Physica A*. 299, 234–246.

[149] S. Maslov (2000) "Simple model of a limit order–driven market", *Physica A*. 278, 571–578.

[150] S. Mike and J. D. Farmer (2008) "An empirical behavioral model of liquidity and volatility", *J. Econ. Dyn. Control*, in press.

[151] S. Mike and J. D. Farmer (2008) "An empirical behavioral model of liquidity and volatility", *J. Econom. Dynam. Control*. 32, 200–234.

[152] S. N. Dorogovtsev, J. F. F. Mendes and J. G. Oliveira (2006) "Frequency of occurrence of numbers in the World Wide Web", *Physica A*. 360, 548–556.

[153. Scalia, A. and V. Vacca (2000) "Does Market Transparency Matter? A Case Study", *BIS Paper*. 2, 113–140.

[154] Schwartz, R. A. and B. W. Weber (1997) "Next–generation Securities Market Systems: An Experimental Investigation of Quote–driven and Order Driven Trading", *Journal of Management Information Systems*. 14, 57–79.

[155] SEC (2010) *Securities and Exchange Commission, Concept Release on Equity Market Structure*. [online] Available from: http://www.sec.gov/rules/concept/2010/34–61358.pdf.

[156] SEC (2010) "*Securities and Exchange Commission, Final Rule: Risk Management Controls for Brokers or Dealers with Market Access*", [online] Available from: http://sec.gov/rules/final/2010/34-63241.pdf.

[157] SEC (2010) *Securities and Exchange Commission, SEC Adopts New Rule Preventing Unfiltered Market Access.* [online] Available from: http://www.sec.gov/news/press/2010/2010-210.htm.

[158] SEC (2010) *Securities and Exchange Commission, Proposed Rule: Elimination of Flash Order Exception from Rule 602 of Regulation NMS.* Release No. 34-62445. [online] Available from: http://sec.gov/rules/proposed/2010/34-62445.pdf.

[159] SEC (2010) *Securities and Exchange Commission, Proposed Rule: Large Trader Reporting System.* [online] Available from: http://www.sec.gov/rules/proposed/2010/34-61908.pdf.

[160] SEC (2010) *Securities and Exchange Commission, Press Release: SEC Proposes Large Trader Reporting System.* [online] Available from: http://www.sec.gov/news/press/2010/2010-55.htm.

[161] SEC (2010) *Securities and Exchange Commission, Circuit Breakers and Other Market Volatility Procedures.* [online] Available from: http://www.sec.gov/answers/circuit.htm.

[162] SEC (2010) *Securities and Exchange Commission, Press Release: SEC to Publish for Public Comment Proposed Rules for Clearly Erroneous Trades.* [online] Available from: http://www.sec.gov/news/press/2010/2010-104.htm.

[163] SEC (2010) *Securities and Exchange Commission, SEC Approves New Rules Prohibiting Market Maker Stub Quotes.* [online] Available from: http://www.sec.gov/news/press/2010/2010-216.htm.

[164] SEC (2010) *Securities and Exchange Commission, Speech by SEC Chairman: Opening Statement at the SEC Open Meeting – Consolidated Audit Trail.* [online] Available from: http://www.sec.gov/news/speech/2010/spch052610mls-audit.htm.

[165] Seppi, D. (1997) "Liquidty Provision with Limit Orders and a Strategic Specialist", *Review of Financial Studies.* 10, 103-150.

[166] Silva, A. C. and G. Chavez (2002) "Components of Execution Costs: Evidence of Asymmetric Information at the Mexican Stock Exchange", *Journal of International Financial Markets, Institutions and Money.* 12, 253-278.

[167] Stoll, H. (1978) "The Pricing of Security Dealer Services: An Empirical Analysis of NASDAQ stocks", *Journal of Finance.* 33 (4), 1133-1172.

[168] T. Kaizoji (2000) "Speculative bubbles and crashes in stock markets: An interactin-

gagentmodel of speculative activity", *Physica A.* 287, 493 – 506.

[169] T. Lux and M. Marchesi (1999) "Scaling and criticality in a stochastic multi – agent modelof a financial market", *Nature.* 397, 498 – 500.

[170] Tinic, S. and R. West (1972) "Competition and the Pricing of Dealer Service in the Over – the – Counter Market", *Journal of Financial and Quantitative Analysis.* June, 1707 – 1728.

[171] Tiwari, A., P. Handa and R. Schwartz (2003) "Quote Setting and Price Formation in an Order Driven Market", *Journal of Financial Markets*, forthcoming.

[172] V. Eguíluz and M. Zimmermann (2000) "Transmission of information and herd behavior: An application to financial markets", *Phys. Rev. Lett.* 85, 5659 – 5662.

[173] W. B. Arthur (1994) "Inductive reasoning and bounded rationality", *Am. Econ. Rev.* 84, 406 – 411.

[174] W. – X. Zhou (2007) *A Guide to Econophysics* (in Chinese). Shanghai University of Finance and Economics Press, Shanghai.

[175] W. – X. Zhou and D. Sornette (2004) "Antibubble and prediction of China"s stock market and real – estate", *Physica A.* 337, 243 – 268.

[176] W. – X. Zhou and D. Sornette (2007) "Self – organizing Ising model of financial markets", *Eur. Phys. J. B.* 55, 175 – 181.

[177] Y. – B. Xie et al. (2002) "Finite – size effectin the Eguíluz and Zimmermann model of herd formation and informationtransmission", *Phys. Rev. E.* 65, 046130.

[178] Z. Eisler, J. Kertész and F. Lillo (2007) "*The limit order book on different time scales*", in: J. Kertész, S. Bornholdt, R. N. Mantegna (Eds.), in: Proc. SPIE, 6601, AIP, Florence, Italy, 66010G.

[179] Zhong L. M. et al. (2002) "Institution investors' optimal liquidation strategy", *Journal of Manegement Sciences In China*, 5 (5): 18 – 22. (in Chinese).

[180] Zovko and J. D. Farmer (2002) "The power of patience: A behavioral regularity inlimit – order placement", *Quant. Finance.* 23, 87 – 392.

[181] 陈炜. 基于订单持续期的投资者订单提交策略研究 [J]. 管理科学学报, 2010 (2): 58 – 65.

[182] 陈炜. 交易信息、订单簿透明度与投资者订单提交策略 [J]. 证券市场导报, 2010 (12): 66 – 73.

[183] 陈炜. 中国股票市场交易成本影响因素的实证研究 [J]. 证券市场导报, 2008 (7): 22 – 28.

[184] 陈炜. 中小企业板的市场绩效与投资者结构 [J]. 证券市场导报. 中小企业板

五周年专刊，2009（5）：17-21.

[185] 韩千山，陈其美．大股东讯息优势与下单策略［J］．证券市场发展季刊，2000，12（4）：33-69.

[186] 何基报，鲁直．什么影响着投资者选择卖出或继续持有？［J］．管理科学学报，2006，9（6）：53-63.

[187] 黄宝慧，刘维基．我国证券集中交易市场竞价与揭示制度之改进［J］．台湾证交资料，2002（483）：2-21.

[188] 黄宝慧．台湾股市竞价揭合与行情揭示制度对信息揭露的影响之研究［D］．台湾中正大学财务金融研究所硕士论文，1995.

[189] 黄宝慧．委托单驱动市场的下单研究［D］．台湾中正大学企业管理学系博士论文，2003.

[190] 刘玉珍，王律杰．台湾股市揭示制度对市场绩效之影响［J］．台湾证交资料，1999（446）．

[191] 刘玉珍，等．委托簿信息透明度对投资人福利与市场绩效的影响［R］．台湾证券交易所研究报告，2004.

[192] 屈文洲，吴世农．中国股票市场微观结构的特征分析——买卖报价价差模式及影响因素的实证研究［J］．经济研究，2002（1）．

[193] 屈文洲．行情公告牌信息对交易者行为的影响——基于自回归交易持续期模型（ACD）的分析［J］．管理世界，2006（9）：38-45.

[194] 苏冬蔚．我国股市流动性与执行成本研究［J］．经济科学，2004（2）．

[195] 苏冬蔚．执行成本与资产定价：基于我国股市交易数据的理论与实证研究［J］．数量经济技术经济研究，2005（3）．

[196] 孙培源，施东晖．微观结构、流动性与买卖价差．一个基于上海股市的经验研究［J］．世界经济，2002（4）．

[197] 王焕然．数量化交易：现状与挑战［R］．深交所金融创新实验室工作报告，2010.

[198] 杨朝军，孙培源，施东晖．上海股市日内流动性模式解释［J］．世界经济，2003（5）．

[199] 詹宜洁．台湾证券市场之限价单的研究［D］．台湾政治大学财务管理研究所硕士论文，2001.

[200] 仲黎明，等．机构投资者的最优变现策略［J］．管理科学学报，2002，5（5）：18-22.

[201] 周峰．指令驱动市场中多种委托类型的特性及其引入问题研究［R］．深圳证券交易所内部研究报告，2005.

［202］周开国，李涛，柴俊. 中国股票市场上个人投资者与机构投资者的指令执行成本［D］. 中山大学工作论文，2006.

［203］深圳证券交易所年度报告；深圳股票市场绩效报告（2006年至2009年各年度）.